슬픈 노벨상
인류를 구했던 영광의 노벨상, 왜 세계의 재앙이 되었을까?

초판 1쇄 발행 2019년 7월 20일 **초판 9쇄 발행** 2025년 4월 20일
글쓴이 정화진 **그린이** 박지윤

펴낸이 이영선
책임편집 김문정
편집 이일규 김선정 김문정 김종훈 이민재 이현정
디자인 김회량 위수연
독자본부 김일신 손미경 정혜영 김연수 김민수 박정래 김인환
펴낸곳 파란자전거 **출판등록** 1999년 9월 17일(제406-2005-000048호)
주소 경기도 파주시 광인사길 217(파주출판도시) **전화** (031)955-7470 **팩스** (031)955-7469
홈페이지 www.paja.co.kr **이메일** booksea21@hanmail.net

ⓒ 정화진·박지윤, 2019
ISBN 979-11-88609-27-7 73300

이 도서의 국립중앙도서관 출판예정도서목록(CIP)은 서지정보유통지원시스템 홈페이지(http://seoji.nl.go.kr)와
국가자료공동목록시스템(http://www.nl.go.kr/kolisnet)에서 이용하실 수 있습니다.(CIP제어번호: CIP2019025226)

파란자전거는 도서출판 서해문집의 어린이 책 브랜드입니다. 페달을 밟아야 똑바로 나아가는 자전거처럼
파란자전거는 어린이와 청소년이 혼자 힘으로도 바르게 설 수 있도록 도와줍니다.

어린이제품안전특별법에 의한 제품 표시
제조자명 파란자전거 **제조국** 대한민국 **사용연령** 11세 이상 어린이 제품
▲ **주의** 책의 모서리가 날카로우니 던지거나 떨어뜨려 다치지 않도록 주의하세요.
KC 마크는 이 제품이 공통안전기준에 적합하였음을 의미합니다.

슬픈 노벨상

정화진 글
박지윤 그림

인류를 구했던 영광의 노벨상,
왜 세계의 재앙이 되었을까?

파란자전거

추천의 말

노벨상과 함께하는
특별한 여행에 초대합니다!

해마다 노벨상 수상자 발표 때가 되면 전 세계가 들썩입니다. 노벨상은 세계에서 가장 권위 있는 상 중 하나로 매우 유명하기 때문입니다. 노벨상을 받는 여러 분야의 수상자는 인류의 발전을 위한 연구 결과를 인정받아 영광스럽게 상을 받게 됩니다.

그런데 이 책의 제목은 이상합니다. 기쁘고 영광스러워야 할 노벨상에 왜 '슬픈 노벨상'이란 이름이 붙은 것일까요? 이 책을 읽다 보면 그 사연을 알 수 있답니다. 이 책이 매력적인 것은 노벨상을 만든 노벨의 이야기와 함께 노벨상을 받은 과학 기술의 생생한 사례를 다양한 시각으로 안내해 주기 때문입니다. 이 책에서 다루고 있는 노벨 과학상을 받은 사람들과 새로운 기술의 이야기를 읽다 보면 과학 기술의 발전이 우리 인류의 삶을 어떻게 바꿔 왔는지 흥미진진하게 알아볼 수 있습니다.

과학 기술의 발전은 현재 우리의 삶을 풍요롭게 만들어 주었습니다. 세계 곳곳의 소식을 그때그때 알 수 있는 스마트폰과 전기 차와 드론 등 우리가 상상했던 일들이 현실로 이뤄지고 있는 것도 과학 기술 덕분이지요. 하지만 과학 기술은 편리함 못지않게 위험성도 있어요. 과학 기술의 발전은 빛과 그림자가 함께 드리워져 있습니다. 이에 노벨상을 받은 과학자들은 과학 기술의 발전이 지구의 멸망을 이끌 수 있다며 과학 기술을 평화적으로 사용해야 한다고 뜻을 모아 역사적인 선언을 했답니다. 과학자들은 회의를 만들어 전쟁 방지와 과학 기술의 평화적 이용이 필요하다고 강조했어요. 이런 역사적 사례가 왜 일어났는지 이 책을 보면 자연스럽게 이해할 수 있습니다. 슬픈 노벨상을 통해 인류가 함께 만들어 갈 희망을 이야기하고 있으니까요.

  이 책에서 꼭 추천하고 싶은 꼭지가 있습니다. 바로 '슬픈 노벨상에서 기쁜 노벨상으로'입니다. 이 부분을 읽다 보면 우리가 함께 만들어 나갈 더 나은 미래를 꿈꿔 볼 수 있거든요. 더불어 획기적인 발명과 눈부신 과학 기술의 발전 속에서 우리가 잊지 말아야 할 소중한 가치를 함께 생각해 볼 수 있답니다. 이 과정을 통해 우리가 발 딛고 선 현재의 모습과 여러분이 만들어 갈 미래 사회의 모습을 희망차게 모색해 보면 좋겠습니다.

  이 책을 읽는 친구들이 바로 슬픈 노벨상이 아닌 기쁜 노벨상의 주인공이 되면 어떨까라는 행복한 상상을 합니다. 여러분이 새롭게 만들어 갈 인류와 지구의 평화로운 미래를 응원하면서!

배성호
전국초등사회교과모임 공동대표

글쓴이의 말

불편한 진실을 마주하고
우리의 미래를 만들어 가요!

모든 것은 밭에서 시작되었습니다.

2011년에 처음으로 농사라는 것을 짓기 시작했습니다. 작은 밭에서 먼저 농사를 짓고 있던 후배 소설가의 뒤꽁무니를 따라다니며 배웠지요. 주말 농부가 된 것입니다.

그 밭에서는 절대 하면 안 되는 것이 세 가지 있었어요. 제초제든 살충제든 그 어떤 농약도 치면 안 되고, 화학 비료를 줘도 안 됩니다. 농사 선배들은 화학 비료를 질소 폭탄이라 불렀습니다. 그리고 또 한 가지, 밭의 이랑에 검정 비닐을 덮어도 안 되었지요. 두둑에서든 고랑에서든 태양 아래 나오는 풀들은 우리 선조들 방식대로 손으로 뽑거나 낫으로 베어야만 합니다. 김매기라고 하지요. 유기농으로 농사를 짓기 위해서 이 세 가지를 왜 금지해야 하는지 이해하는 건 어렵지 않았습니다. 농부 학교에서도 그 원리를 충분히 배웠습니다. 하지만 그 정도로는 만족할 수가 없었어요. 화학 비료든 농약이든 뿌리까지 파 보고 싶었습니다. 워낙 호기심을 해결하지 않고는 못 배기는 성격이거든요.

청양고추, 파프리카, 토마토 등 농장에서 기르는 몇 작물은 애초에 씨앗 자체의 판매권을 몬산토라는 회사가 갖고 있었어요. 작물을 키운 후 씨앗을 받아서 이듬해에 다시 키워도 아예 열매를 맺지 못하거나 기형이 되도록 유전적으로 조작된 씨앗이라서 우리는 그것을 '불임종자'라고 하지요. 그래서 유전자변형생명체라는 뜻의 GMO의 근원도 찾아보기 시작했습니다.

이 모든 것들이 노벨상을 품에 안았더군요. 세상에 처음 나왔을 때는 질병이나 배고픔으로부터 인류를 구원해 줄 천사로 불리던 것입니다. 또한 원자핵 분열의 원리를 이용해 원자력 발전소(핵 발전소)를 짓기 시작했을 때 사람들은 이산화탄소 등의 유해 물질을 만들어 내지 않는 청정에너지라며 찬양하기에 바빴습니다.

과연 그 천사들은 지금도 여전히 구원자의 역할을 하고 있을까요? 책의 제목만 봐도 눈치를 챌 수 있겠지요? 그 뛰어난 과학과 기술의 성과를 인류는 어떻게 사용해 왔는지, 또 그 탐욕이 지난 세월 동안 어떤 위기와 재앙을 불러왔는지 이해하는 데 도움이 되기를 바랍니다. 그것을 알고 이해하는 것은 어쩌면 우리 모두의 의무일지도 모릅니다.

진실이 아무리 불편해도 마주하지 않으면 미래가 있을 수 없으니까요.

2019년 6월 정화진

차례

추천의 말
노벨상과 함께하는 특별한 여행에 초대합니다! 4

글쓴이의 말
불편한 진실을 마주하고 우리의 미래를 만들어 가요! 6

제1장 풍운아 노벨의 위대한 결단 12

가난을 벗고 나니 영재! 17
청년 노벨의 날개, 나이트로글리세린 21
뼛속까지 지독한 사업가 25
영광의 노벨상에서 슬픈 노벨상으로 28

제2장 천사에서 죽음의 신으로 : 살충제 DDT 32

하얀 연기의 정체 33
'외로운 늑대'의 350번째 화합물 36
부족한 시간, 성급한 결론 41
보르네오에서 무슨 일이? 44
침묵의 봄 46

◆ 슬픈 노벨상에서 기쁜 노벨상으로 : 돌고 도는 자연 50

제 3 장 만병통치약의 반격 : 항생제 52

날개 없는 천사 항생제 58
세균이 사람보다 똑똑할 줄이야! 65
내 몸속 세균이 최고의 항생제 71
◆ 슬픈 노벨상에서 기쁜 노벨상으로 : 미래의 만병통치약은 내 몸 안에 74

제 4 장 영혼을 잃은 과학자의 최후 : 독가스 76

식민지보다는 과학 기술이 우선 80
과학자, 살인마가 되다 86
스스로 지워 버린 이름, 프리츠 하버 92
◆ 슬픈 노벨상에서 기쁜 노벨상으로 : 전쟁이라는 이름으로 96

제5장 지구를 병들게 한 공기로 만든 빵 : 화학 비료 98

새똥 전쟁 100
마술 하나, 공기로 빵을 104
마술 둘, 광합성을 못 해도 109
물이 이상해졌어요! 113
다시 구아노 118
◆ 슬픈 노벨상에서 기쁜 노벨상으로 : 흙을 살리자! 120

제6장 찰나조차 삼키는 지옥의 불 : 핵 발전 122

처음이자 마지막 폭탄 124
원자핵을 쪼개다 130
새로운 스타, 핵 발전! 134
돌아갈 수 없는 고향 프리피야트 138
쓰나미가 남긴 재앙, 후쿠시마 143
한 번 스타는 영원한 스타? 145
◆ 슬픈 노벨상에서 기쁜 노벨상으로 : 미래를 이어 갈 대체 에너지 150

제7장 두 얼굴의 씨앗 : 유전자변형작물(GMO) 152

종자를 바꿔라 156
10억의 사나이 161
교배를 넘어 유전자 조작으로 165
아르헨티나의 수상한 콩 170
드러나는 진실, 거부의 손짓 174
◆ 슬픈 노벨상에서 기쁜 노벨상으로 : 벌의 경고 180

제8장 너무 늦기 전에 182

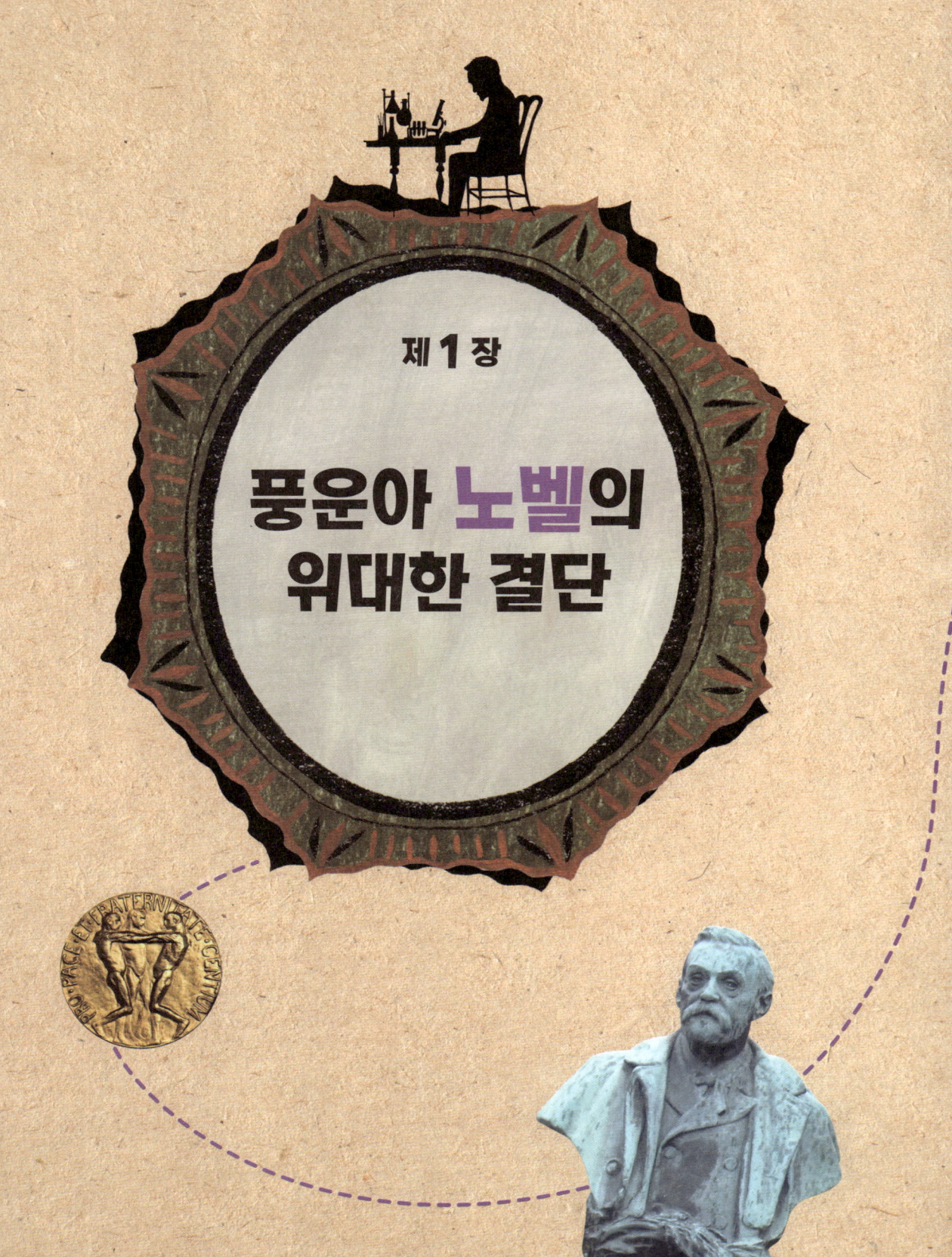

제 1 장

풍운아 노벨의 위대한 결단

　유럽 대륙의 꼭대기에 스웨덴이라는 나라가 있어요. 러시아와 연결된 스칸디나비아반도의 가운데에 있는 나라지요. 동쪽으로는 핀란드, 서쪽으로는 노르웨이와 국경을 맞대고 있는데 세 나라 모두 북유럽의 대표적인 선진국이에요. 반도란 우리나라(한반도)처럼 세 면이 바다로 둘러싸인 채 대륙에 연결되어 있는 땅을 말해요.

　스웨덴은 전 세계의 사람들이 살아 있을 때 꼭 한 번쯤 여행하고 싶어 하는 나라랍니다. 울창한 숲과 9만 개가 넘는 호수가 어우러진 자연환경이 너무 아름답거든요. 숲에서는 말코손바닥사슴이 노닐고 북쪽에서는 오로라를 감상할 수 있는 나라. 누구라도 그런 곳에서 평화로운 삶을 살고 싶지 않겠어요? 게다가 과학 기술 수준도 굉장히 높아서 생활하는 데 전혀 불편함이 없답니다.

지금으로부터 120여 년 전인 1896년에 스웨덴을 발칵 뒤집어놓은 사건이 벌어졌어요. 한 유명한 사람의 유언장 때문이었죠. 그 사람은 스웨덴 출신이에요. 살면서 355개의 특허를 냈을 정도로 뛰어난 발명가이자 유럽, 미국, 러시아 등 여러 나라에 80개가 넘는 회사를 거느린 사업가였어요. 실제로 당시 유럽 최고의 부자였지요.

그 사람은 바로 알프레드 노벨(Alfred Bernhard Nobel, 1833~1896)이었어요. 1896년은 노벨이 사망한 해였답니다. 스웨덴 하면 빼놓을 수 없는 게 바로 노벨상이지요.

그런데 왜 노벨의 유언장이 큰 이야깃거리를 낳았을까요?

유럽 최대 부자 중 한 명이었으니 당연히 남긴 재산도 어마어마했겠죠. 노벨은 죽기 전 4년 동안 세 번에 걸쳐서 유언장을 작성했는데, 그 안에 어떤 내용이 들었는지 아무에게도 알리지 않았대요. 그런데 노벨이 죽은 뒤 공개된 유언장의 내용이 충격적이었어요.

당연히 대부분의 재산을 물려받을 거라 기대에 부풀었던 친척들은 유산의 20%만 받을 수 있었어요. 물론 그것만 해도 굉장히 많은 재산인 데다 노벨이 결혼을 안 해서 자식도 없었으니 그 20%를 다 나눠 받을 수 있었겠지요. 17%는 여러 공공 기관이나 사회단체에 기부하도록 했어요. 기관이나 단체 중에는 병원과 의학 연구소가 포함되어 있는데, 그 기금으로 사람들의 건강과 병 치료를 위한 연구를 할 수 있도록 배려한 거예요.

그리고 나머지 63%의 재산은 스톡홀름 학술원에 기증하도록 했어요. 그 기금을 안전한 유가 증권(주식이나 채권)에 투자하거나 은행에 예금하도록 해서 거기서 나오는 수익을 상금으로 쓰게 했답니다. 은행에 예금을 하면 매년 이자가 나오겠죠? 또한 건실한 기업의 주식을 사 두면 그 기업의 실적에 따라 매년 배당금이 나오고, 실적이 좋은 기업은 주식의 가치도 올라가니 큰 수입이 생깁니다. 또한 채권을 사 둬도 매년 일정한 이자를 받아요. 한마디로 원금은 그대로인데 매년 수익이 생기는 거죠. 그 돈을 학문과 인류의 발전에 기여한 모든 분야에 걸쳐, 가장 중요하고 선구적인 발견이나 성과를 이룬 개인이나 단체에 상으로 나눠 주도록 유언으로 기록해 두었어요.

수익과 이자를 물리학, 화학, 생리학·의학, 문학, 평화 다섯 분야의 수상자에게 각각 나눠 주도록 했는데, 그가 남긴 유언은 그가 죽고 난 5년 뒤 1901년부터 수상하기 시작한 노벨상의 기원이 되었습니다. 1969년부터는 경제학상도 추가되었어요.

게다가 노벨은 상을 받을 사람들에게 어떤 제한이나 차별을 두지 않았어요. "이 유언장에 예고된 모든 상들이 스웨덴 사람이건 외국 사람이건, 또

누구든 차별하지 않고 가장 공로가 큰 사람에게 수여되는 것이 나의 확고한 소원이다.

노벨의 유언장 원본

남자건 여자건 조금도 차별하지 않고 가장 공로가 큰 사람에게 수여되는 것이 나의 확고한 소원이다."라고 유언장에 정확히 써 놓았거든요.

하지만 엄청난 기대를 하고 있던 친척들, 그중에서도 조카들의 실망은 굉장해서 공공연하게 불만을 표시했다고 해요. 심지어 스웨덴 국민 중 일부는 나라의 재산이 해외로 빠져나갈 수 있다는 사실 때문에 걱정과 분노를 표시했다고 하고요. 왜냐하면 국적과 상관없이 얼마든지 상금을 받을 수 있었으니까요. 하지만 그 어떤 의견이나 불만도 노벨 본인의 유언장 내용을 거스를 수는 없었답니다.

노벨, 그는 과연 어떤 사람이었을까요? 또 무슨 이유로 노벨상을 만들 생각을 하게 되었을까요? 이제 흥미롭고도 파란만장한 삶을 살았던 알프레드 노벨에 대한 이야기를 들려줄게요.

가난을 벗고 나니 영재!

알프레드 노벨은 1833년 스웨덴의 수도인 스톡홀름에서 태어났어요. 8남매 중 셋째 아들이었답니다. 동서양을 가리지 않고 옛날엔 참 자식을 많이 낳았어요. 나중엔 최고의 부자가 되었지만 노벨이 태어났을 때 가정 형편은 그리 풍족하지 않았어요.

공학자였던 아버지 임마누엘 노벨은 건축업자이기도 하면서 발명가이기도 했어요. 알프레드 노벨이 살아 있을 때 그 많은 발명 특허를 낼 수 있었던 데는 아버지의 영향이 크답니다.

그런데 발명가인 아버지는 이런저런 사업을 할 때마다 성공보다는 실패를 더 많이 해서 노벨의 가족은 무척 가난한 생활을 했어요. 길거리에서 어머니는 채소를 팔고 형들은 성냥을 팔기도 했어요. 노벨은 뒤늦게 여덟 살이 되어서야 처음으로 학교를 다닐 수 있었어요.

그런 노벨의 아버지에게 큰 기회가 찾아왔어요. 러시아 황제의 부름을 받고 상트페테르부르크에서 공장을 열 수 있게 되었죠. 노벨이 아홉 살이 되던 해였어요. 아버지는 폭발물을 전문적으로 연구한 발명가였는데, 그곳 공장에서 만든 지뢰나 기뢰를 러시아의 군대가 모두 사들였던 거예요. 지뢰는 땅속에 묻는 폭발물이고, 기뢰는 물속에 띄워 두는 폭발물이에요. 당시 황제였던 니콜라이 1세는 러시아의 세력을 키우기 위해 전쟁을 준비하고 있었어요.

아버지의 사업이 날로 번창하자 노벨과 형제들은 학교를 갈 필요도 없이 가정 교사에게 모든 과목의 수업을 들을 수 있었어요. 과학이나 수학뿐만 아니라 영어, 독일어, 프랑스어, 러시아어 등 다양한 외국어를 배울 수 있었지요. 이는 노벨이 나중에 전 세계를 다니며 사업을 할 수 있는 큰 밑받침이 되었어요.

형제 중 두 형은 아버지의 사업을 도와 실험, 생산, 판매를 맡았어요. 그리고 과학 과목을 유달리 좋아했던 노벨은 16세에 이미 화학자로서의 실력을 갖추게 됐어요. 노벨이 17세가 되었을 때 견문을 넓히라는 아버지의 뜻에 따라 러시아를 떠났어요. 프랑스에서 1년 동안 화학을 더 공부했고 미국에서는 4년 동안 공학을 공부했지요.

노벨이 미국에 머물고 있던 1854년에 러시아가 전쟁을 일으켰어요. 유럽의 강대국들이 세력 다툼으로 혼란스러운 틈을 타 남쪽으로 자신의 영토를 넓히기 위해 튀르키예와의 전쟁을 시작했지요. 이를 크림 전쟁이라고 해요. 지금의 우크라이나가 있는 크림반도를 둘러싼 전쟁이었기 때문에 붙여진 이름이에요.

하지만 전쟁은 러시아의 뜻대로 진행되지 않았어요. 영국과 프랑스가 튀르키예와 힘을 합치게 되자 3년간의 전쟁 끝에 러시아는 크게 패할 수밖에 없었어요. 전쟁 중에 황제인 니콜라이 1세가 죽었고, 그 뒤 왕좌를 이어받은 새 황제는 노벨의 아버지와 맺은 계약도 없애 버렸어요.

이 소식을 들은 노벨은 러시아로 돌아가 형제들과 함께 회사를 다시 일으키기 위해 노력을 다했지만 결국 회사는 파산하고 말았어요. 노벨은 다시 모국인 스웨덴의 스톡홀름으로 돌아갈 수밖에 없었지요.

하지만 노벨이 자신의 연구를 포기했다면 오늘날의 노벨상은 세상에 나올 수 없었을 거예요. 노벨은 오히려 다른 화학자들이 너무 위험해서 포기했던 것을 미친 듯 연구하기 시작했어요. 그것은 바로 나이트로글리세린이라는 액체였어요.

청년 노벨의 날개, 나이트로글리세린

나이트로글리세린은 원래 이탈리아 출신의 과학자 아스카니오 소브레로(Ascanio Sobrero, 1812~1888)가 만들어 낸 합성물이었어요. 그는 노벨이 파리에서 화학을 공부할 때 같은 실험실에서 일한 선배 연구원이기도 했어요. 비록 액체였지만 그 폭발력은 검은 가루 형태의 기존 화약과는 비교가 안 될 정도로 강하답니다. 그런데 문제는 사람이 쉽게 다룰 수가 없다는 점이었어요.

실험실에서는 크고 작은 사고가 끊임없이 일어났어요. 시험관이나 비커에 그 용액을 단 한 방울이라도 잘못 떨어뜨리면 큰 폭발이 일어나곤 했어요. 나이트로글리세린을 발명한 소브레로 박사 자신도 사고를 당해 얼굴에 큰 흉터를 갖게 되었고 더는 연구를 하지 않기로 했답니다. 나이트로글리세린은 운반하는 도중에도 자주 폭발하곤 해서 그야말로 공포의 대상이었어요.

그런데 왜 청년 노벨은 이 위험한 물질에 매달렸을까요?

그때는 세계 각지에서 산업화가 굉장히 빠르게 진행되던 시대였어요. 증기 기관의 연료인 석탄을 캐기 위해, 혹은 금이나 은을 캐기 위해 수많은 광산이 생겨나고 있었죠. 또한 그것들을 운반하기 위해 철도와 운하를 쉴 새 없이 만들어야만 했어요. 산과 바위를 뚫으려면 당연히 많은 양의 폭약이 필요했겠죠.

만일 기존의 화약보다 수십 배 강한 나이트로글리세린을 안전한 폭발물로 만들기만 한다면 돈벼락을 맞는다는 사실을 노벨은 잘 알고 있었어요.

> **뇌관**
>
> 포탄이나 폭약을 폭발시키기 위해 화약에 불을 붙이는 데 사용하는 발화용 금속관을 말해요. 금속관 안에는 발화하기 쉬운 물질을 채워 넣어 다이너마이트나 폭약이 원하는 시간과 장소에서 안전하면서도 성공적으로 폭발할 수 있도록 합니다.

연구를 계속한 끝에 노벨은 나이트로글리세린을 검은 가루 화약과 섞는 데 성공해서 특허를 냈어요. 이듬해에는 나이트로글리세린을 안전하게 대량 생산할 수 있는 제조법도 만들어 특허를 냈어요. **뇌관**이라는 것도 발

명해서 또 특허를 땄어요. 뇌관을 터뜨리지 않으면 폭약이 터지지 않게 되자 훨씬 안전해졌지요. 이때부터 노벨 가문은 다시 사업으로 일어서게 되었어요.

하지만 나이트로글리세린은 운반하기엔 여전히 위험했어요. 공장에서 안전하게 생산이 됐어도 운반 중엔 여전히 많은 사고가 났거든요. 그 문제를 해결할 때까지 노벨은 연구를 멈출 수가 없었어요.

그러던 중 오랜 세월 해조류가 퇴적되어 만들어진 흙인 규조토가 나이트로글리세린을 완벽하게 흡수한다는 사실을 발견했어요. 해조류란 김, 미역, 다시마, 파래와 같은 바닷속에서 사는 풀인데 다른 말로 해초류라고 해요. 어떤 사람들은 그것이 다른 많은 과학적 발견처럼 우연한 발견이었다고 말하지만 노벨은 단호히 연구와 실험의 결과물이었다고 했어요.

이제 나이트로글리세린은 규조토에 섞여 기다란 나무 막대의 모양을 갖추게 됐어요. 한 방울만 잘못 떨어뜨려도 폭발하던 것이 이제는 땅바닥에 패대기를 쳐도 터지지 않게 되었지요. 운반 중에 사고 날 일이 없어진 거예요. 노벨은 신속히 1867년 영국과 스웨덴, 1868년 미국에서 특허를 냈답니다. 그리고 그 상품명을 '다이너마이트(Dynamite)'라 짓고는 판매를 시작했어요. 그 이름은 그리스어로 '힘'을 뜻하는 말 '디나미스(Dynamis)'에서 따왔다고 해요. 영어에서도 힘 있게 꿈틀거리는 모양이나 형세를 보고 '다이내믹(dynamic)'하다고 하지요. 드디어 노벨의 꿈이 이루어진 거예요.

다이너마이트는 날개 돋친 듯 팔리기 시작했어요. 10년 뒤에는 판매량이

500배나 늘어날 정도여서 그동안 노벨은 세계 여러 나라에 공장을 세워야만 했답니다. 그리고 얼마 안 가 노벨은 진짜 세계에서 손꼽히는 갑부가 되었고요. 노벨은 나이트로글리세린을 만든 소브레로 박사에게 평생 넉넉히 받을 수 있는 지분(몫)도 나눠 주었다고 해요.

놀랍게도 지금으로부터 150년 전에 발명된 다이너마이트가 지금도 여전히 쓰이고 있답니다. 시내, 혹은 고속 도로를 달리다 보면 터널을 지나게 돼요. 터널을 만들기 위해 산을 뚫을 때 지금도 다이너마이트를 사용합니다. 또 크고 오래된 건물을 허물 때에도 마찬가지고요.

뼛속까지 지독한 사업가

노벨이 이렇게 성공하기까지 순탄했던 것만은 아니었어요. 안전한 나이트로글리세린의 제조법을 알아내기 위해 힘쓰던 시절 큰 재난이 찾아왔어요. 그것도 노벨이 공장을 비우고 출장을 가 있을 때 말이죠.

1864년 스톡홀름의 공장에서 큰 폭발 사고가 일어났어요. 직원 다섯 명과 공장 옆을 지나가던 행인도 한 명 사망하는 사고였는데, 직원 중에는 노벨의 동생인 에밀도 있었답니다. 막대한 보상금을 지불하느라 노벨 가문은 또 한 번 파산하고 말았어요. 노벨이 31세 때였답니다.

게다가 이 사건을 계기로 너무 위험한 물질을 취급하는 노벨에게 스웨덴 정부는 공장 허가를 내주지 않았어요. 하지만 투자자들은 줄을 섰어요. 그러니 공장을 못 세운다면 큰일이지요. 노벨의 사전에 포기란 말은 존재하지 않았어요. 호수 위에 배를 띄워 놓고 그 안에서 연구와 실험을 계속했답니다. 정말 독한 사람이지요?

이렇게 모든 역경을 이겨 낸 노벨은 특허를 내기도 전에 '노벨 다이너마이트 트러스트'라는 이름의 회사를 설립했어요. 그리고 스웨덴뿐만 아니라 독일, 영국, 프랑스, 미국 등 세계 도처에 같은 이름의 공장을 운영했답니다. 아마 노벨의 이 회사는 세계 최초의 **다국적 기업**일 거예요.

다국적 기업

여러 나라에 걸쳐서 지사와 공장, 또는 연구소를 갖고 있는 기업을 말해요. 핵심적인 연구소는 주로 본국에 두고 제품을 생산하는 공장은 전 세계 여러 나라에 골고루 갖고 있는 지금의 삼성이나 애플처럼 말이죠. 그리고 주로 노동자의 임금이 싼 나라에 공장을 짓는답니다.

그 이후로 노벨의 사업은 어려움 없이 점점 더 커져만 갔어요. 나중엔 형들과 함께 러시아의 바쿠 지역(지금의 아제르바이젠)에서 유전을 개발하고 정유 공장을 세우기도 해서 자신뿐만 아니라 가문 전체의 재산이 그 규모를 알 수 없을 만큼 커졌답니다.

여러분은 알프레드 노벨이 자신의 유산을 노벨상을 만들고 운영하는 데 쓰도록 결심한 이유가 무엇이라고 생각하나요? 자신이 발명한 다이너마이트가 전쟁터에서 많은 사람들을 죽이는 데 쓰이는 걸 본 노벨이 심한 자책

감을 느껴서 그런 마음을 먹게 되었을까요? 우리는 어릴 때 그렇게 배웠어요. 여러분은 학교에서 어떻게 배웠나요?

사실 다이너마이트는 그 엄청난 폭발력에도 불구하고 전쟁터에서는 거의 쓰이지 않았어요. 아주 긴 심지에 불을 붙여서 사용해야 했기 때문에 대포 대신 쓰기엔 너무 불편했거든요. 게다가 연기가 너무 심해서 폭파 후엔 적군이든 아군이든 한동안 앞을 볼 수가 없었어요. 그래서 다리를 폭파하거나 적의 군대가 머무르는 진지를 몰래 파괴하는 정도에 쓰일 수 있었겠지만 노벨 생전에는 그마저도 드문 일이었답니다.

다이너마이트는 대부분 산업 현장에서 사용되었어요. 앞에서 말한 대로 광산, 철도, 터널, 그리고 운하를 뚫는 일에 사용되는 것만으로도 모자랄 지경이었죠.

노벨은 전쟁에서 유용하게 쓰일 수 있는 군용 화약을 따로 개발했어요. 다이너마이트보다 훨씬 강력하면서도 연기가 거의 나지 않는 것으로 발리스타이트(Balistite)라고 하는 군사용 폭약이에요.

다이너마이트를 발명하고도 20년 넘게 지난 1888년에 세상에 내놓은 이 폭약은 이후 대포의 포탄뿐만 아니라 소총의 총알을 만드는 데에도 쓰이게 되지요. 그리고 노벨은 이것을 생산하고 각국에 수출하면서 또 많은 돈을 벌게 됩니다.

전쟁터에서 쓰일 무기를 만들어 큰돈을 벌었던 노벨이 자책감 때문에 유산 기증의 결심을 했다고 보기는 좀 어렵겠죠. 아무튼 그의 무기가 전쟁터에서 쓰이기 시작하면서 노벨을 가장 빠른 시간에 가장 많은 사람을 죽일 수 있는 무기를 만들어 파는 사람, 즉 '죽음의 상인'이라며 많은 언론이 공격하기도 했답니다.

영광의 노벨상에서 슬픈 노벨상으로

노벨은 평생을 독신으로 살았어요. 하지만 부자나 귀족이면 누구나 빠질 수 없는 사교 모임을 노벨은 멀리했어요. 술과 담배도 하지 않았다고 해요. 시간이 나면 연구실에서 실험을 했대요. 그리고 출장 중엔 여러 나라에 있는 자신의 별장에서 시를 쓰거나 사색에 잠기는 것을 즐겼답니다.

권력자에게 아첨할 줄도 몰랐고, 신문이나 잡지에 자신의 사진이 실리는 것도 굉장히 싫어했답니다. 4년에 걸쳐 유언장을 고치고 고쳐 완성한 것은 노벨이 그토록 오랫동안 자신을 돌아본 결과는 아니었을까요?

노벨은 겉으로는 평화 운동을 지지하지 않았다고 해요. 왜냐하면 평화 운동으로 전쟁을 멈출 수 없다고 보았기 때문이에요. 오랜 친구이면서 평화 운동가이자 소설가인 베르타 폰 주트너(Bertha von Suttner, 1843~1914) 여사가 한 평화 회의에 초대했을 때 노벨은 '내 발명품이 평화 조약보다 더 빠른 평화를 불러올 것이오.'라며 거절했다고도 합니다.

주트너 여사는 오늘날의 국제연합(UN)이나 극제사법재판소 등이 탄생하는 데 큰 영향을 끼칠 만큼 평생 평화 운동에 헌신했던 분이에요. 잘 알려지지 않은 사실이지만 노벨은 그런 주트너 여사의 평화 운동에 가장 큰 재정적 후원자였답니다. 대놓고 알리지 않았을 뿐이죠.

1892년에 노벨은 여사의 초대를 받아들여 베른 국제 평화 회의에 참석했고, 오스트리아 평화애호가협회 회원으로 가입한 후 평화 운동을 위한 거액의 후원자가 되었어요.

마음속 깊이 평화를 갈망하던 노벨이었기에 처음부터 평화상을 만들었던 것 아닐까요? 물론 평화상이 포함되기까지 주트너 여사와 오랫동안 주고받았던 편지 대화도 큰 몫을 했어요.

노벨이 발명한 다이너마이트는 당시에 인류가 산업화를 이루는 데 혁명이라 할 만큼 큰 공을 세웠어요. 그 스스로 '노벨상'을 받을 만했는지도 몰라요. 하지만 그 후 노벨과 많은 사람들이 개발한 무기의 발전은 인류의 생존을 위협하고 있는 것도 사실입니다.

이제 이와 비슷한 이야기를 하려고 해요. 노벨상을 받을 당시엔 인류에게 커다란 축복이었으나 잘못, 혹은 무분별하게 사용되어 인류에게 재앙이 되거나 될 수 있는 것들에 관한 이야기지요. 왜 그 상이 '슬픈 노벨상'인지 이제 그 이야기를 시작해 볼까요?

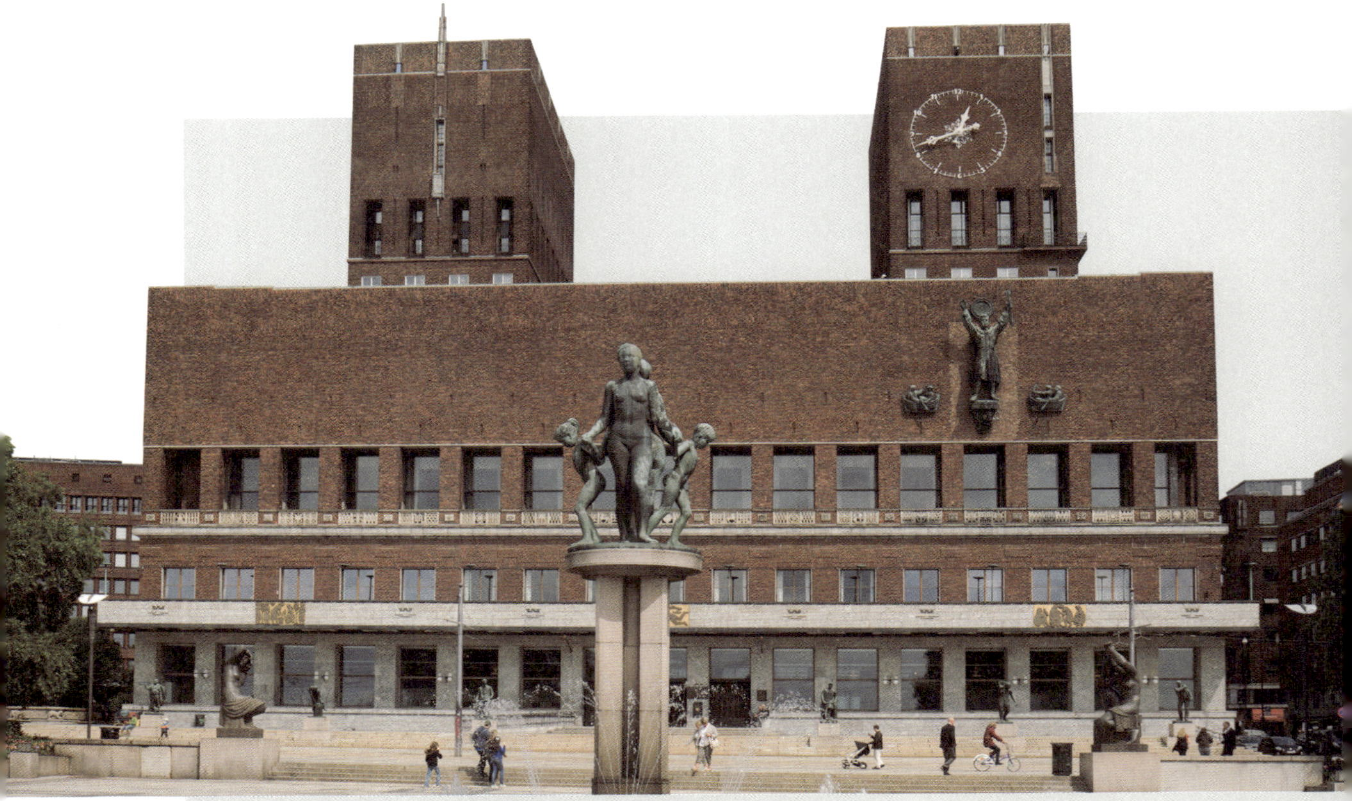

✳ 노벨 평화상 시상식이 열리는 노르웨이의 오슬로 시청

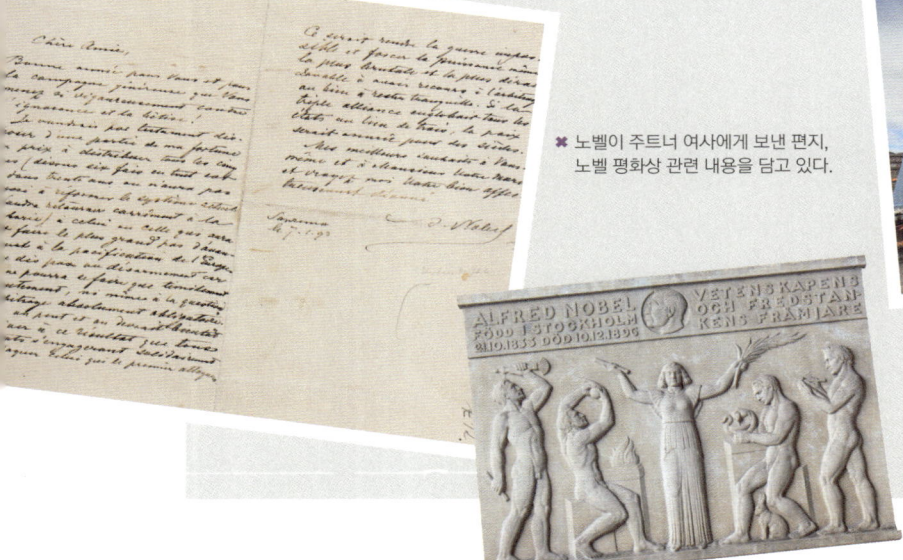

✳ 노벨이 주트너 여사에게 보낸 편지, 노벨 평화상 관련 내용을 담고 있다.

✳ 4개 부문 노벨상 시상식이 열리는 스톡홀름 콘서트홀

✳ 스톡홀름 시청에 있는 노벨상 표식

평화를 갈망하던 노벨, 이를 지지한 주트너
무분별한 사용과 잘못된 판단이 불러온
인류의 재앙, 슬픈 노벨상

※ 트빌리시에 있는 주트너 여사가 살던 집

제 2 장

천사에서 죽음의 신으로

살충제 DDT

하얀 연기의 정체

빠다다다다.

소리 나는 곳을 향해 동네의 아이들이 모여듭니다. 동네 어귀에 나타난 바퀴 세 개짜리 조그만 트럭의 꽁무니에 달린 연통에서는 쉬지 않고 흰 연기가 빠져나옵니다. 시골이든 도시든 트럭이 마을의 골목길을 빠짐없이 누비며 다니는 동안 하나 둘 모여든 아이들은 긴 줄을 이룬 채 연기의 뒤를 쫓습니다. 트럭이 동네를 완전히 빠져나갈 즈음에야 아이들은 집으로 돌아갑

천사에서 죽음의 신으로 · 33

니다.

도대체 아이들이 죽을힘을 다해 따라다녔던 그 연기의 정체는 무엇이었을까요?

지금으로부터 50여 년 전, 그러니까 20세기 중반까지만 해도 전국에서 흔히 볼 수 있었던 풍경이에요. 그때만 해도 아파트가 드물던 시절이라 서울 같은 대도시도 낮은 집들과 수많은 골목으로 가득했어요. 긴 장마가 끝나거나 태풍이 지나가고 나면 곳곳에 물웅덩이가 생겨요. 이때다 싶어서 모기들이 그곳에 가득 알을 낳지요. 그때는 동네마다 쥐도 많았고, 길거리엔 동물이나 사람의 배설물도 많던 시절이었어요. 파리는 그곳에 필사적으로 알을 낳는답니다. 아이들 머리카락엔 너나없이 이가 살고 있었고요. 음식물 쓰레기가 큰비에 쓸려서 집 밖으로 쏟아져 나오기도 했으니 얼마나 불결한 환경이었겠어요.

그래서 장마나 태풍 후엔 뇌염, 말라리아, 발진티푸스, 장티푸스, 콜레라 등의 전염병이 도는 것을 막기 위해 동네마다 약을 뿌렸답니다. 전염병의 이름이 낯설죠? 맞아요. 요즘 우리 주변에선 보기 힘든 병이에요.

그 시절 대부분의 부모는 트럭을 따라 달리는 아이를 나무라거나 말리지 않았어요. 그 하얀 연기가 동네와 아이를 병으로부터 구해 줄 거라고 믿었기 때문이지요.

아무튼 그 시절 아이들은 1년에 서너 번 방역 트럭만 나타났다 하면 경쟁

하듯 그 뒤를 쫓았어요. 이제 그 연기의 정체를 알아볼까 합니다. 큰 약통 속에는 물에 녹인 하얀 가루가 있었어요. DDT라 불리던 아주 강력한 살충제였는데 이것에 얽힌 이야기를 들려줄게요.

'외로운 늑대'의 350번째 화합물

1899년 1월 스위스 바젤 시 주변의 한 마을에서 파울 헤르만 뮐러(Paul Hermann Müller, 1899~1965)라는 이름의, 미래 노벨상을 받을 사내아이가 태어났어요. 철도 회사에서 일하는 아버지와 교회 집사인 어머니 밑에서 자란 뮐러는 조용한 성격에 아주 평범한 학생이었어요.

그런데 유독 화학이나 물리학 등의 실험에 흥미가 많아서 집에 작은 실험실을 만들 정도였어요. 학교에서 못다 한 실험을 집에서라도 하기 위해서였죠. 하지만 끊임없이 실험하는 것만 즐거웠던 뮐러에게 학교가 만족스러웠을 리 없어요.

학교가 자신의 삶에 걸림돌만 된다고 생각한 그는 고등학교를 자퇴해 버리지요. 그리고 화학 회사에 취직을 해요. 17세 나이에 그런 결정을 한 걸 보면 자신에 대한 믿음이 대단했던 사람이네요.

회사에서 실험을 하면서 체계적이고 깊이 있는 공부의 필요성을 깨달은 뮐러는 2년 뒤 다시 고등학교로 돌아갔어요. 졸업 후 바로 바젤대학에 진학해서 화학을 전공했지요. 그리고 그의 나이 서른여섯에 드디어 박사 학위를 받았답니다.

박사 학위를 받은 뮐러는 다시 회사에 취직했어요. 가이기(Geigy)라는 화학 회사의 연구원으로 들어갔지요. 그에게는 강단에서 학생을 가르치는 교수보다 마음껏 실험을 해서 자신이 원하는 화합물을 만들어 내는 일이 훨씬 매력적이었거든요. 가이기라는 회사는 지금 세계에서 가장 큰 제약 회사 중 하나인 노바티스(Novartis)로 이름이 바뀌었어요.

뮐러는 실험을 통해 여러 가지 화합물을 만들었는데 그중엔 새로운 방식의 종자(씨앗) 소독약도 있었어요. 그 전에는 씨앗을 소독하는 약에 수은이 들어 있었는데, 흙과 사람 몸에 나쁜 영향을 미치는 수은 없이 개발에 성공했어요. 이렇게 회사에서 실적을 쌓으며 인정을 받은 뮐러는 입사 10년 만인 1935년부터 살충제 개발을 위한 연구에 집중해요. 살충제는 당시 회사가 하루빨리 개발해서 세상에 내놓고 싶은 상품이었답니다. 일단 만들기만 하면 큰돈을 벌 수 있으니까요. 이유가 뭘까요?

첫 번째 이유는 농업입니다. 스위스는 알프스산맥 아래 자리 잡고 있어요. 온통 산으로 둘러싸여 농사지을 땅이 모자라죠. 국민이 먹는 식량의 절반을 외국에서 수입해야만 하는 처지다 보니 해충이 많아 흉년이라도 들면 정말 큰일입니다.

두 번째는 당시 유럽 전체에 퍼지고 있던 전염병을 물리치기 위해서예요. 발진티푸스라는 병인데 러시아와 유럽을 합해 4백만 명이 넘는 목숨을 앗아 갔답니다. 제1차 세계대전(1914~1918)을 겪는 동안 모든 곳이 파괴되고 오염됐던 유럽이 회복된 지 얼마 안 되었을 즈음에 난리가 났어요.

발진티푸스의 원인과 감염 경로는 이미 알려져 있었어요. 쥐나 사람의 몸에 기생하는 '이'를 통해서 전염된다는 사실이 1909년에 밝혀졌지요. 하지만 수많은 양의 이를 단번에 없애는 방법은 아무도 알지 못했어요. 발진티푸스는 온몸에 빨간 종기들이 돋아나는 발진을 동반한다고 해서 붙은 이름이에요. 주로 겨울에서 봄 사이에 유행합니다. 처음엔 열나고 두통이 심해 사람들이 그저 감기에 걸렸나 보다 하는 동안 병이 빠른 속도로 진행되는 데다가, 사람들 몸과 옷에 이가 많던 시절이라 놀라운 속도로 전염되었지요. 옷깃만 스쳐도 옮겨 가는 이를 사람들이 제대로 알 수 있었겠어요?

뮐러는 무려 4년 동안 살충제 개발에 매달렸어요. 위에서 말한 두 가지 목적을 다 이룰 수 있는 약을 만들어 내기 위해 연구실에서 살았죠.

사실 그때도 많은 살충제들이 특허를 받아 생산되고 있었어요. 하지만 그 대부분은 너무 비싸서 쓰는 사람이 거의 없었어요. 게다가 어떤 것은 너무 약하고, 또 어떤 것은 너무 세서 곤충뿐만 아니라 다른 짐승이나 사람에게까지 즉시 해를 입히기 일쑤였죠.

아무런 성과도 못 낸 상태로 4년이라는 시간이 흘렀어요. 뮐러는 동료들과 어울리지도 않았고 오로지 혼자 자신의 연구실에만 틀어박혀 공식을 연구하고 실험하는 데 빠져 있었어요. 그런 그를 향해 동료들이 붙여 준 별명이 있어요. 바로 '외로운 늑대'였어요.

얼핏 들으면 멋있게 들리는 별명이지만 사실은 한마디로 왕따였어요. 늑대는 무리에 섞여 있지 않으면 아무런 힘도 갖지 못하거든요. 그래서 무리를 떠났거나, 혹은 무리로부터 쫓겨난 외로운 늑대는 오로지 혼자 힘으로만 새로운 영역을 개척해야 하는 떠돌이 신세가 될 수밖에 없어요.

4년 동안 349번째 화합물까지 실패작이었지만 뮐러는 포기하지 않았어요. 동료들의 조롱도 마음에 담아 두지 않았어요. 이 외로운 늑대에게는 자신의 화합물이 성공작이 되기 위한 다섯 가지 원칙이 있었어요.

첫째   곤충에게는 빠르고 강력하게 작용하지만 사람, 항온 동물, 식물에게는 해가 없을 것.

둘째   자극적인 냄새가 나지 않을 것.

셋째   값이 쌀 것.

넷째   되도록 많은 종류의 곤충에게 효과가 있을 것.

다섯째   오랫동안 작용할 수 있도록 화학적으로 안정된 성질을 가질 것. 즉 한 번을 뿌려도 효과가 오래갈 것.

그런데 다섯 번째 내용이 나중에 얼마나 큰 불행의 씨앗이 되는지 뮐러 자신을 포함해서 아무도 알지 못했답니다. 그 야기는 조금 뒤에 할게요.

드디어 4년의 노력 끝에 1939년 겨울, '외로운 늑대'의 350번째 화합물이 탄생해요. 뮐러는 그것이 자신의 다섯 가지 원칙에 다 들어맞는 살충제임을 확신했고 그의 회사인 가이기는 이듬해에 특허를 신청했어요. DDT가 드디어 세상에 나오게 되었지요.

부족한 시간, 성급한 결론

DDT가 나왔을 때 세계는 이미 제2차 세계대전(1939~1945)에 휩싸여 있을 때였어요. 유럽은 독일군 대 미국과 영국을 중심으로 한 연합군의 전쟁터가 된 지 오래였고, 이듬해에는 아시아까지 전쟁의 소용돌이에 빠졌어요.

특허가 나오자 가이기는 비밀리에 소량의 DDT를 미국으로 보냈어요. 그것으로 미국곤충연구회는 짧은 시간에 많은 실험을 했어요. 말라리아에 대비하기 위한 실험으로, 한쪽 연못에 DDT를 뿌리자 모기 애벌레가 모두 죽었어요. 그런데 놀랍게도 DDT를 뿌리지도 않은 가까운 연못의 모기들도 사라졌지요. 그 지역의 새나 동물, 그리고 바람까지도 DDT의 성분을 옮겨 준 거예요. 사실 굉장히 무서운 결과인데, 그 무렵 과학자들은 그것을 좋은 방향으로만 생각했어요. 전쟁 중이라 멀리 내다볼 시간이 없었죠.

그리고 충분히 많은 물에 섞어서 사용하면 곤충은 다 죽어도 사람과 짐승에게는 해가 없다고 성급히 결론을 내렸어요. 한 번 뿌리고 나면 효과가 정말 오래간다는 사실을 마지막으로 확인한 미국은 DDT를 유럽과 아시아의 전쟁터로 가져갔어요.

물웅덩이나 오염된 지역뿐만 아니라 사람들에게도 머리끝에서 발끝까지 뿌리기 시작했죠. 혹시 옛날 기록 영화에 종종 나오던 장면 기억하나요? 바로 한국전쟁 당시 전염병을 예방하기 위해서 애나 어른 할 것 없이 하얀 가루를 뒤집어쓰던 장면 말이에요.

1943년 이탈리아의 나폴리에서는 발진티푸스가 퍼져서 주민은 물론이고 군인조차 싸울 수 없는 형편이었는데, 그것을 잡아 준 것 또한 DDT였어요. DDT를 뿌린 지역에서는 모기나 파리, 그리고 이까지 모두 죽었죠. 그곳에서만 130만 명 정도를 살렸다고 해요.

미국이 일본과 전쟁을 치렀던 아시아에서는 주로 말라리아를 퇴치하기 위해 DDT를 뿌렸답니다. 그리고 전쟁이 끝난 후 아시아와 아프리카 등 열대 지방의 말라리아 예방을 목적으로 DDT는 공식적으로 사용되기 시작했어요.

전쟁이 일어나면 총칼에 맞아 죽는 사람보다 전염병에 걸려서 죽는 사람이 더 많다고 해요. 실제로 학자들은 DDT가 세계대전 기간 동안 살린 사

전염병으로부터 인류를 구한 구원의 신 DDT

람들이 적어도 5백만 명은 된다고 해요. 그리고 그 후에도 수많은 사람들을 살렸다고 합니다.

말라리아를 예로 들어 볼까요? 그 당시에 말라리아는 전 세계에서 매년 3억 명 정도가 걸리는 병이었고 그중 최소 3백만 명이 목숨을 잃었어요. 그런데 DDT를 사용한 이후로 환자 수가 10분의 1 밑으로 줄었으니 다른 전염병들까지 계산해 보면 DDT는 정말 인류에게 구원의 신이었지요.

전쟁이 끝난 후 1948년, DDT를 개발했던 뮐러 박사는 노벨 생리의학상을 받았어요. 수많은 사람의 목숨을 구한 약을 만들어 낸 사람이었으니 노벨상을 타는 게 당연한 일이었어요. 하지만 그때는 아무도 예상하지 못했어요. 오래 지나지 않아 그 구원자가 드리울 죽음의 그림자를 말이죠.

보르네오에서 무슨 일이?

여기는 인도네시아의 보르네오섬이에요. 이곳 몇몇 마을에서 이상한 일들이 벌어지고 있어요. 날쌘돌이처럼 집 안의 벽을 타기도 하고 마당을 가로지르던 도마뱀의 움직임이 눈에 띄게 느려졌어요. 또 고양이가 죽어 가고, 쥐가 넘쳐나기 시작했어요. 더욱 이상한 건 집들이 무너지기 시작했다는 거예요. 이유를 알 수 없는 주민들은 공포에 떨기 시작했어요. 원인을 찾아내기 위해 과학자들이 모여들었지요. 그리고 마침내 그 원인을 알아냈어요.

오랫동안 마을과 주변 숲에 많은 양의 DDT를 뿌렸어요. 말라리아모기를 박멸하기 위해서였죠. 그런데 그것이 문제였어요. DDT를 맞은 모기는 죽었지만 숲과 집에 살고 있던 바퀴벌레는 살아남았어요. 바퀴벌레의 생명력은 여러분도 잘 알죠?

그 바퀴벌레를 주로 잡아먹던 도마뱀에게 이상이 생긴 거예요. 바퀴벌레의 몸 안에 쌓인 DDT가 고스란히 도마뱀의 몸속으로 들어가서 신경계를 마비시켰지 뭐예요. 움직임이 굼뜬 도마뱀을 신나게 잡아먹은 고양이가 병들어 죽어 가기 시작하자 자기 세상 만난 쥐들이 들끓었어요.

보르네오섬 사람들은 집을 모두 나무로 지었어요. 그 나무의 틈에 알을 낳는 나방이 있어요. 그런데 그 나방을 잡아먹던 도마뱀이 줄어들자 늘어난 나방의 애벌레가 나무를 맘껏 갉아 먹기 시작했고, 그런 일이 몇 년 동안 계속되니 집들이 무너지기 시작했어요.

이 모두가 1955년의 일입니다. DDT가 세상에 나온 지 15년 만이었죠. 하지만 이 사건은 세상에 잘 알려지지 않았어요. 과학자들의 연구 사례로만 남았죠. 세상은 그때까지도 DDT를 구원의 신으로만 알고 있었어요. 그것을 만들어 파는 회사들은 그 사실이 알려지는 것을 절대 원치 않았으니까요.

침묵의 봄

시간이 지나면서 세계 곳곳에서 이상한 일들이 계속 드러났어요. 북극곰의 몸속에서 DDT가 발견되는가 하면 남극에 사는 펭귄의 몸속에서도 발견되는 게 아니겠어요? 도대체 그것이 어떻게 북극과 남극까지 갔을까요? 그러더니 급기야 아기를 키우는 엄마들의 젖에서도 DDT가 검출되기 시작했어요.

DDT를 뿌린 숲과 마을에 비가 내리면 빗물에 DDT가 섞여 강으로 흘러가겠죠. 빗물이 강에서 바다로 흘러가면 플랑크톤의 먹이가 되지요. 그리고 먹이 사슬을 따라 작은 물고기에서 큰 물고기로, 북쪽으로 올라가서는 바다표범의 몸속으로, 그리고 최종적으로 바다표범을 주로 사냥하는 북극곰의 몸속에 쌓인답니다. 남극 펭귄 몸속의 DDT나 엄마 젖 안의 DDT도 비슷한 과정으로 설명이 돼요.

보르네오 사건을 계기로 DDT가 생태계에 미치는 영향을 주의 깊게 연구하기 시작한 과학자들이 있었어요. 그중엔 미국의 해양생물학자인 레이첼 카슨(Rachel Louise Carson, 1907~1964) 여사가 있지요. DDT를 비롯한 화학약품의 순환 과정과 그 위험성을 세상에 알린 이분은 DDT를 만들어 낸 뮐러 박사보다 훨씬 더 유명해졌어요.

레이첼 여사가 1962년에 쓴 책 《침묵의 봄(Silent Spring)》은 동화 같은 이야기로 시작해요.

　봄이면 온갖 풀벌레와 새들의 소리로 넘쳐나던 아름다운 마을에 죽음의 그림자가 드리우지요. 벌레와 새와 물고기가 죽어 버려 아무 소리도 들리지 않는 침묵의 봄은 농사와 축산을 위해, 그리고 모기와 파리를 퇴치하기 위해 비행기로 살포된 DDT 때문이었어요. 이 책의 핵심 내용이지요. 레이첼 여사는 또한 이 책에서 살충제의 남용이 우리 생태계에 얼마나 큰 재앙을 가져오는지 구체적인 사례들을 가득 담았답니다. 성인이 되기 전에 꼭 한 번 읽어 보면 좋아요.

　　　　　　　　강이 굽이도는 아름다운 시골 마을에서 나고 자란 레이첼은 어려서부터 고향의 온갖 풀과 벌레, 그리

고 강의 물고기들까지 관찰하는 걸 즐겼어요. 그래서인지 원래 작가가 되려 했던 소녀 레이첼은 대학에 가서 생물학을 전공했지요.

젊은 나이에 미국 수산국에서 해양생물학자로 근무하면서 해양 생태계만 연구한 것이 아니었어요. 어느 날 친구로부터 고향 마을에서 모기를 없애기 위해 비행기가 살충제를 뿌리고 간 후 새들이 죽어 간다는 소식을 들은 여사는 각 방면의 학자들과 의견을 나눴어요. 그 살충제가 새와 곤충뿐만 아니라 들에서 풀을 뜯는 소의 몸에도 쌓이고, 그 소의 고기와 우유를 먹는 사람의 몸에도 쌓인다는 결론을 얻었지요. 몸속에 쌓인 DDT가 절반으로 줄어드는 데 무려 8년이나 걸린다니 그 기간 동안 또 얼마나 많은 양이 더 쌓일까요.

'외로운 늑대'의 다섯 번째 원칙 기억나죠? 쉽게 분해되지 않는 성질, 즉 그 화합물의 안정성이 이토록 무서운 결과를 불러일으켰던 거예요.

《침묵의 봄》을 출간한 후 여사는 여러 화학 회사와 단체로부터 중상모략과 협박을 받았지만 굴하지 않았어요. 책을 쓸 때도 유방암을 앓고 있었지만 2년 뒤 숨을 거둘 때까지 대중과 미국 정부를 설득해 나갔어요. 그녀에게는 살해 협박조차도 효과가 없었죠.

여사가 세상을 뜨자 화학 회사들은 쾌재를 불렀답니다. 하지만 여사가 돌아가신 후에도 DDT를 금지하자는 운동은 여전히 계속되었어요. 그러던 와중에 미국 사회 전체를 뒤흔들어 놓는 사건이 터져 버렸습니다. 산모의 젖에서 DDT가 검출되기 시작한 거예요! 결국 1972년 미국 정부는 DDT 사용 금지 조치를 내렸고, 그 후 우리나라도 다른 나라들과 함께 그 약의 사용을 금지했어요. 하지만 일부 아프리카 국가에서는 DDT를 금지하자 말라리아 환자가 급증해서 어쩔 수 없이 다시 사용하고 있어요.

레이첼 여사가 돌아가신 이듬해에 뮐러 박사도 숨을 거두었어요. 그래도 뮐러 박사는 자신의 DDT가 전 세계적으로 금지 약품이 되는 걸 보기 전에 눈을 감았습니다.

요즘도 장마 후엔 방역차가 주택가 골목을 누비고 다녀요. 지금은 DDT가 아닌 친환경 약품을 뿌린대요. 하지만 이제는 방역차 꽁무니를 쫓아다니는 아이도 없고 차가 지나갈 때면 사람들은 아무리 더워도 즉시 창문을 닫는답니다. 나중에 알게 된 DDT에 대한 공포가 그만큼 크기 때문이겠죠.

한때 구원의 천사가 이젠 모두 피하는 죽음의 신이 되었어요.

슬픈 노벨상에서
기쁜 노벨상으로

돌고 도는 자연

감자 잎을 좋아하는 28점박이무당벌레, 배춧잎을 그물망으로 만들어 버리는 진딧물과 톡톡이, 고춧잎을 빨아 먹는 총채벌레……. 일단 벌레가 들어차면 한 해 농사를 망쳐 버립니다. 그래서 농부들은 벌레가 한 마리라도 보이면 밭 전체에 살충제를 뿌리지요. 살충제를 뿌리면 이로운 곤충까지 모두 죽거나 떠나 버립니다. 또한 작물은 그만큼 스스로 벌레를 이겨 내는 면역력을 잃게 되지요. 오랫동안 유기농을 하는 밭에서는 화학 살충제를 치지 않아도 됩니다. 흙 속의 풍성한 미생물과 벌레가 작물의 면역력을 키워 주기 때문에 외부의 어떤 벌레 떼도 점령하지 못하고 물러나지요. 어느 정도의 풀과 함께 키우는 작물은 맛이 훨씬 뛰어날뿐더러 가뭄에 견디는 능력도 월등하답니다. 과연 자연은 어떤 방식으로 스스로를 돕는 걸까요?

제 3 장

만병통치약의 반격

항생제

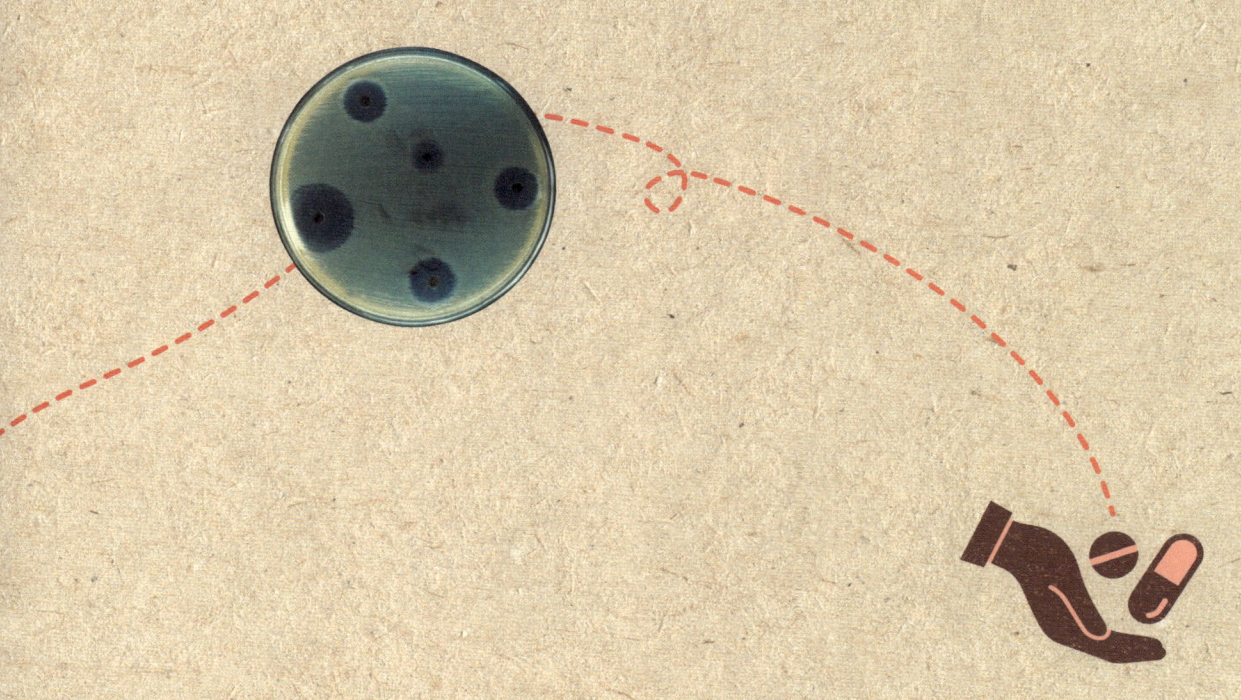

　창밖엔 함박눈이 내리고 있어요. 첫눈이어서 마음은 설레지만 아홉 살 다영이는 그저 눈을 감고 병실 침대에 누워 있을 뿐입니다. 한 시간 전만 해도 중환자실에 있다가 일반 병실로 옮겨 왔기 때문에 눈을 뜨는 것조차 힘이 들었거든요. 그래서일까요. 다영이는 금세 까무룩 잠이 들었습니다.

　온기를 전해 주기 위해 엄마는 다영이의 머리맡에 앉아 작고 가녀린 손을 쉴 새 없이 주무릅니다. 지금은 열도 많이 내렸고 숨도 편해졌지만 이틀 전 다시 중환자실로 내려갈 때는 너무 무서웠습니다.

　처음에 다영이는 감기에 걸렸을 뿐이에요. 그런데 그 감기가 몇 주가 지나도 낫지 않자 늘 찾던 동네의 의사 선생님이 아무래도 폐렴에 걸린 것 같다고 서울에 있는 대학 병원으로 가라고 소견서를 써 주었답니다. 엄마는 덜컥 겁이 났어요. 왜냐하면 폐렴 약이 듣기는커녕 점점 더 악화되었거든요. 불과 며칠 사이에 어떻게 이런 지경까지 되었는지 엄마는 도무지 알 수가 없었답니다.

이제 다영이에게 쓸 수 있는 치료 약은 반코마이신이라는 항생제뿐이에요. 이 항생제는 너무나 독해서 몇 차례에 나눠서 처방해야 한대요. 어리고 허약할 대로 허약해진 다영이가 감당할 수 있을지 모르겠어요. 그마저도 다영이 몸속에 있는 세균이 이미 반코마이신에 내성(면역력)을 가지고 있다면

소용없는 일이라 검사부터 해야 한답니다. 엄마의 입술이 바짝바짝 타들어 갑니다.

올해 72세의 미선 할머니는 허리 디스크 수술을 받으셨어요. 허리 수술이라 큰 수술 같지만 사실은 의료 기술이 워낙 좋아서 대략 1cm 정도만 절개하는 가벼운 수술이었어요. 게다가 서울에서 가장 큰 종합 병원이었으니 걱정할 일이 없었어요. 수술 후 의사 선생님은 가족들에게 할머니가 내일이라도 걸을 수 있다고 웃으면서 말했답니다. 실제로 마취에서 깨어난 할머니는 가족들과 여행 계획을 세우고 계셨어요.

그러나 그랬던 할머니가 열이 40도까지 오르고 숨쉬기 힘들어하시더니 거의 의식 불명 상태가 되어 급히 중환자실로 옮겼어요. 가족 여행 계획을 세운 다음 날 아침이 밝기도 전이었어요. 그리고 끝내 의식을 되찾지 못하고 할머니는 이튿날 세상을 뜨셨답니다.

도대체 할머니에게 무슨 일이 생긴 걸까요?

이번엔 우리나라 방송에도 소개되었던 미국 아주머니의 이야기예요. 미국 텍사스에 사는 아주머니는 옥수수 농장을 운영해요. 농장은 아버지로부터 물려받은 만큼 오래됐고 주변은 평화로운 벌판이었죠. 그런데 몇 년 전 어느 날, 농장에서 6km 정도 떨어진 곳에 대규모 돼지 농장이 들어섰답니다. 그때부터 아주머니 부부에겐 고통스러운 날들이 이어졌어요. 돼지의 배설물 냄새가 바람을 타고 아주머니의 집으로 건너왔거든요.

어느 날부턴가 극심한 두통과 얼굴 통증에 시달리던 아주머니는 병원을 찾아갔어요. 그리고 이름도 희귀한 부비강염에 감염됐다는 사실을 알게 되었어요. 염증을 치료하기 위해 항생제를 투여했는데, 놀라운 사실을 알게 되었답니다. 자신의 몸속에 들어와 염증을 일으킨 세균(박테리아)이 웬만한 항생제에 이미 면역력을 갖고 있다는 거예요. 아주머니는 어릴 적부터 병원에 다니거나 항생제를 복용한 적이 거의 없었는데도 말이죠.

여러 항생제를 투여했지만 그때마다 다시 증세가 악화되었어요. 극심한 설사까지도 동반되었지요. 결국 가장 강한 항성제인 반코마이신을 투여했지만 역시 소용없었어요. 그동안 아주머니의 장 안에 있는 세균들의 균형이 완전히 무너졌대요. 게다가 장 속을 지배하고 있던 균이 **슈퍼 박테리아**예요.

이제 아주머니의 병을 치료할 수 있는 약은 이 세상 어디에도 없어요. 그렇다고 넋 놓고 죽음을 기다려야만 할까요? 아주머니는 의사의 권고를 받아들여 마지막 치료 방법을 써 보기로 합니다.

슈퍼 박테리아

어떤 항생제도 이겨 내는 박테리아를 말해요. 어떤 약이든 자주 사용하게 되면 몸속 병균이 그 약에 내성(면역력)이 생겨 더는 그 약이 듣지 않게 됩니다. 슈퍼 박테리아는 어떤 항생제로도 치료할 수 없는 강력한 균을 말하지요.

어릴 적부터 건강하기만 했던 아주머니의 몸이 인류가 만들어 낸 최고의 항생제도 듣지 않을 만큼 빠르게 무너져 버린 이유가 뭘까요? 마지막 치료 방법은 무엇이고, 아주머니는 그 치료로 다시 건강을 회복할 수 있을까요?

이런 일들은 현재 지구상에서 심심찮게 일어나는 일이랍니다. 특히 선진국에서 많이 발생하지요. 자세히 들여다보면 그 안에 빠짐없이 등장하는 약이 있어요. 바로 항생제라는 약인데 과거에는 '만병통치약'이었어요. 말 그대로 모든 병을 치료할 수 있는 약이라는 뜻이죠. 그런데 그 막강한 항생제가 언제부터인가 힘을 못 쓰기 시작하더니, 때로는 오히려 사람을 죽이는

독약이 되어 버렸답니다.

    도대체 항생제에 무슨 일이 생긴 걸까요? 그 사연을 알아보려면 먼저 항생제가 어떻게 탄생했고, 어떤 원리로 사람과 가축의 생명을 살렸는지 살펴 봐야겠죠?

날개 없는 천사 항생제

    제1차 세계대전이 일어났던 1914년 프랑스의 한 야전 병원에는 영국에서 파견된 의무 장교들이 있었어요. 원래 의사로 구성된 그 장교들 중에 30대 중반의 알렉산더 플레밍 박사가 있었어요. 어디서 들어 본 이름이죠? 맞아요. 푸른곰팡이! 그는 바로 페니실린이라는 최초의 항생제를 세상에 나오게 한 그 플레밍(Sir Alexander Fleming, 1881~1955) 박사입니다.

    전쟁 전에 도박장으로 쓰였던 특별 연구소에서 의사인 그가 전념했던 연구는 새로운 소독약과 방부 외과 기술, 즉 온전한 살이 썩지 않는 방법을 개발하는 일이었어요. 박사와 동료들에게는 매우 절박한 일이었죠. 야전 병원으로 실려 온 병사들은 아무리 소독을 해도 균에 감염된 살이 계속 썩어 들어가서 결국 팔이든 다리든 잘라 내야 했어요. 그래도 살기만 하면 다행이었죠.

무엇보다 플레밍 박사가 절망한 이유는 소독약이 너무 강하다는 거예요. 강하면 좋지 않냐고요? 너무 강하기만 한 소독약은 침투한 균뿐만 아니라 몸 안에 남아 있는 조직도 무참히 파괴했답니다. 그때부터 플레밍 박사 최대의 목표는 외부에서 침투한 균은 죽이되 몸속의 다른 세포에는 아무런 해도 끼치지 않는 물질을 찾아내는 것이었어요.

전쟁이 끝난 후 원래 있던 영국 런던의 세인트메리병원으로 돌아와서도 박사는 부상자의 상처 부위가 곪고 썩는 이유와, 곪지 않고 썩지 않게 하는 물질을 찾아내는 연구에 매달렸어요. 전쟁 상황이 아니어도 외부에서 몸 안으로 들어온 세균 때문에 걸리는 폐렴, 폐결핵, 파상풍, 패혈증 등 치명적인 병들이 너무나 많았답니다. 심지어 못에 찔리거나 장미 가시에 찔리는 것만으로도 세균에 감염되어 파상풍이나 패혈증으로 사망하는 경우도 많았으니까요.

그러던 어느 날, 박사는 놀라운 사실을 발견했어요. 비염에 걸린 자신의 콧물을 담아 놓은 배양 접시에 건강한 사람의 콧물을 떨어뜨린 후 관찰하는 중이었죠. 놀랍게도 비염을 일으키던 자신의 세균이 녹아 없어지는 거예요. 박사는 이 물질을 '라이소자임(Lysozyme)'이라 부르고 연구를 계속했지만 곧 중단하고 말았어요. 여러 병균에 적용해 보니 살균력이 너무 약했거든요. 그래서 라이소자임은 역사 속으로 사라졌어요. 하지만 그 콧물 실험에서 발견된 원리는 100년 뒤 미국 옥수수 농장의 아주머니처럼 의학이 고도로 발달했음에도 치료 방법이 없어 죽음을 기다려야 하는 사람을 살리는 최후의 치료법이 되었답니다. 치료법에 대해서는 뒤에 자세히 알아볼게요.

그렇게 연구에 연구를 거듭하던 박사는 7년 뒤인 1928년 그토록 찾아 헤매던 꿈의 항생 물질을 발견했어요. 당시에 박사의 연구팀은 포도상 구균을 연구하고 있었어요. 그 균은 포도송이처럼 동글동글하게 뭉쳐 있는 균들인데, 식중독의 원인이 되기도 하고 상처를 통해 몸 안으로 들어와 여러 염증을 일으키는 균이에요.

박사는 실수로 연구실에 있던 포도상 구균 배양 접시의 뚜껑을 열어 놓은 채 휴가를 다녀왔다고 해요. 그런데 휴가에서 돌아와 보니 뚜껑이 열려 있던 배양 접시에 영화에나 나올 법한 일이 벌어졌답니다. 어디선가 날아든 푸른 곰팡이가 배양 접시에 있던 균을 거의 다 죽인 거예요.

박사는 이 곰팡이에서 추출한 물질을 '페니실린(penicillin)'이라 이름 붙이고 논문도 발표하지만 그리 큰 주목을 받지 못했어요. 당시에 했던 실험에서는 그 효과가 유지되는 시간이 별로 길지 않았기 때문이에요. 사람들은 오히려 몇 년 후 효과가 더 좋다고 소문난 '설파제'라는 물질에 관심이 쏠렸고, 박사도 곧 그 물질을 연구하기 시작했어요. 이렇게 해서 페니실린도 역사 속에 묻히는 듯했답니다.

한편 영국의 옥스퍼드대학교에 플로리(Howard Walter Florey, 1898~1968)와 체인(Sir Ernst Boris Chain, 1906~1979)이라는 두 과학자가 교수로 있었어

요. 플레밍이 발견한 라이소자임을 연구하던 두 사람은 곧 페니실린에 매료되었답니다. 그리고 1940년 인공적으로 페니실린을 가루약으로 만드는 데 성공하지요. 쥐를 대상으로 한 실험에서 놀라운 치료 성과를 내자 이 소식을 들은 플레밍 박사는 자신이 보관하고 있던 페니실린 표본을 보내 주었어요.

덕분에 더 많은 양의 페니실린을 만들어 패혈증에 걸린 경찰관에게 주사했더니 병이 낫는 듯했어요. 하지만 양이 부족해 치료를 중단해야 했고 그 환자는 결국 패혈증이 재발하는 바람에 죽고 말았어요. 패혈증은 세균이 핏속으로 침투해 일으키는 병으로 굉장히 무서운 병이랍니다.

미선 할머니를 기억하나요? 할머니가 걸린 병이 그 패혈증이에요. 허리 수술은 잘 끝났지만 수술 과정에서 혈관으로 침투한 세균이 패혈증을 일으킨 것이랍니다.

이제 페니실린의 효능은 의심할 여지가 없이 증명되었어요. 이때는 이미 제2차 세계대전이 일어나 유럽과 아시아에서 수많은 부상자가 생겨났어요. 페니실린만 있으면 그들을 살릴 수 있었지요. 하지만 페니실린을 대량으로 만들어 낼 시설과 자금이 없는 게 문제였어요. 사실 영국에 있는 모든 화학 공장은 전쟁 물자를 생산하는 데 사용되고 있었거든요.

그때 소식을 들은 미국의 록펠러재단에서 돕겠다는 연락이 왔어요. 페니실린을 대량 생산하면 엄청난 돈을 벌 수 있다는 사실을 알았던 거지요.

누구든지 가게에서
페니실린을 살 수 있는 날,
사람들이 쉽게 약을 복용하는
위험한 상황이 발생할 것이고
몸 안에 있는 세균이
약물에 노출됨으로써
내성을 갖게 될 것이다.

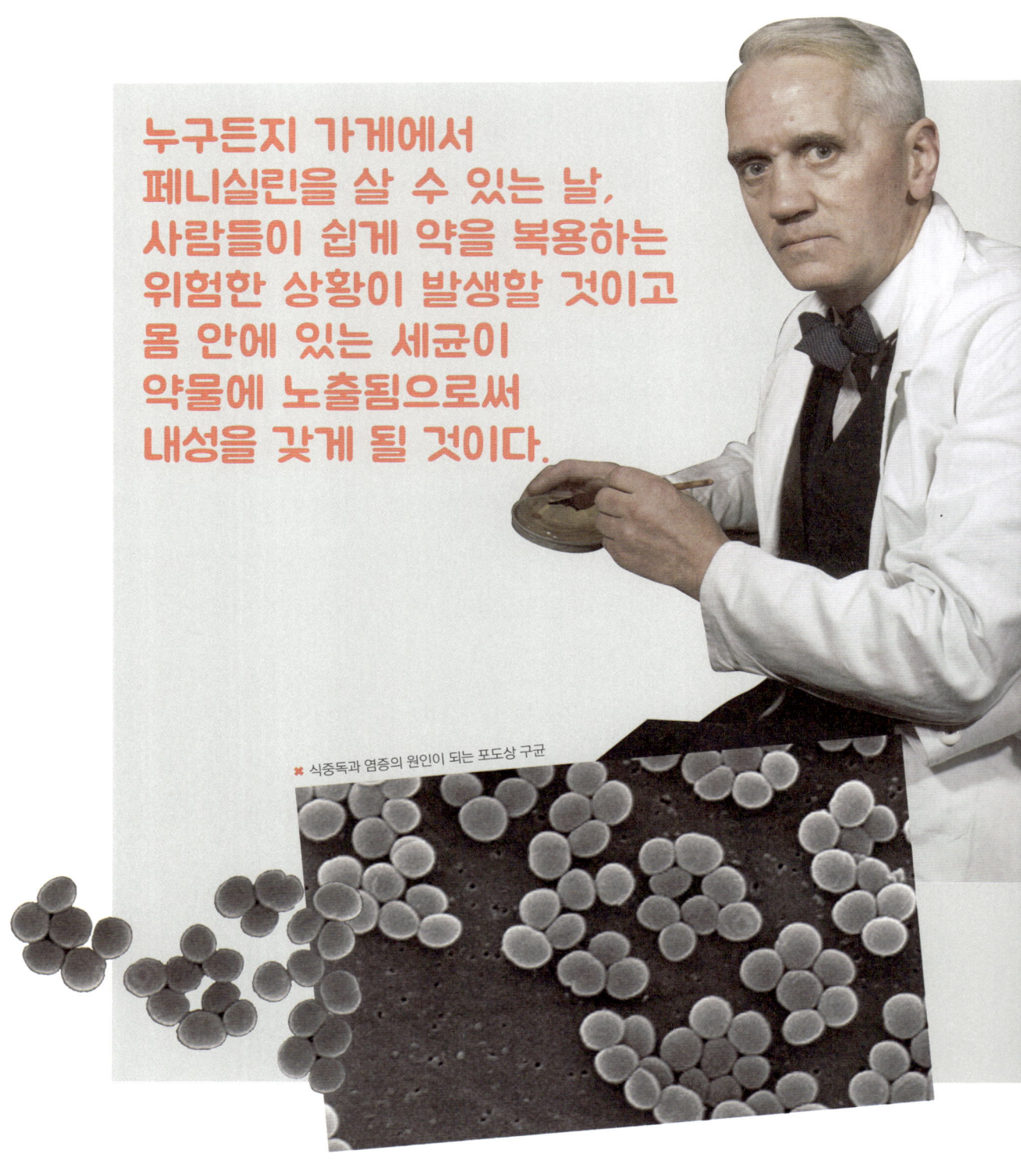

✖ 식중독과 염증의 원인이 되는 포도상 구균

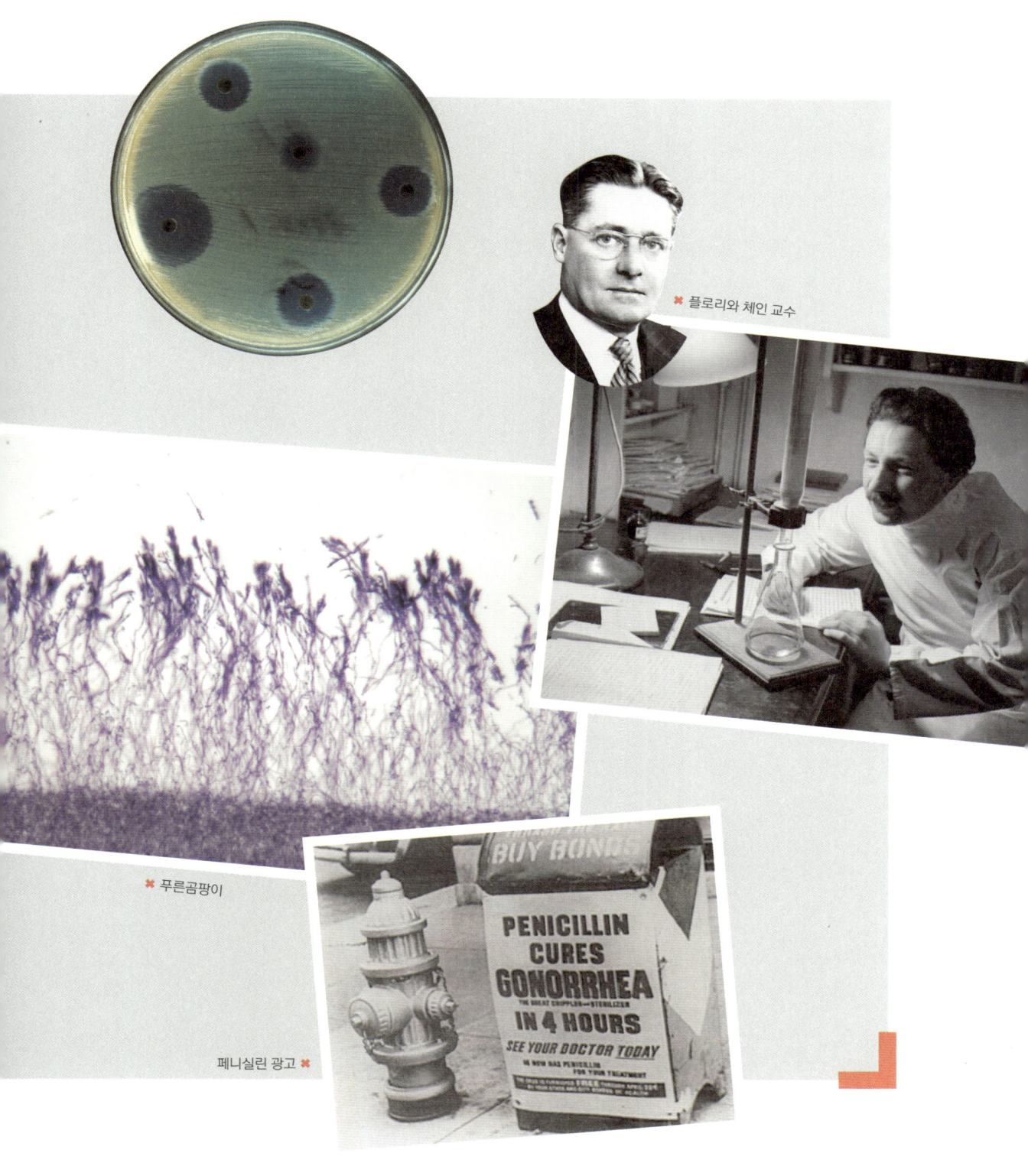

✖ 플로리와 체인 교수

✖ 푸른곰팡이

✖ 페니실린 광고

그래서 세 명의 박사는 모든 자료를 들고 폭격당할 걱정이 없는 미국으로 건너가 공장을 차렸어요. 그 뒤 여러 실험을 거쳐 페니실린을 주사제와 알약으로 대량 생산할 수 있게 되었어요. 미국에 있는 많은 화학 회사와 제약 회사도 이 일에 참여했어요. 그 결과 제2차 세계대전 당시 부상당한 많은 연합군 병사의 목숨을 살릴 수 있었고 팔다리를 지킨 병사의 수도 부쩍 늘었어요. 그뿐만이 아니었어요. 군인이 아닌 일반 사람들도 얼마든지 사용할 수 있을 정도로 생산되었어요. 단 몇 년 사이에 인류에게 기적이 일어났답니다.

이러한 공로가 인정되어 플레밍과 플로리, 그리고 체인 박사는 제2차 세계대전이 끝난 1945년 노벨 생리의학상을 받았습니다. 그런데 노벨상을 받고 난 직후 강연을 하던 플레밍 박사가 의미심장한 말을 남깁니다. 천사를 함부로 믿지 말라는 경고!

> 누구든지 가게에서 페니실린을 살 수 있는 날이 올 것입니다. 그렇게 된다면 무지한 사람들이 쉽게 약을 복용하는 위험한 상황이 발생할 것이고, 몸 안에 있는 세균이 약물에 노출됨으로써 그 세균이 내성을 갖게 될 것입니다.

세균이 사람보다 똑똑할 줄이야!

제2차 세계대전 이후로 전혀 다른 세상이 펼쳐졌습니다. 일본에 떨어졌던 두 발의 핵폭탄 때문이었을까요? 그 이후 오늘날까지 세계대전은 일어나지 않았어요. 끊임없이 작은 전쟁은 있지만 부상당해서 죽는 사람의 수는 눈에 띄게 줄었고요. 2차 세계대전 당시 23억 명이었던 세계의 인구는 오늘날 80억 명을 넘었어요. 화학 비료의 발달로 농업 생산량도 상상할 수 없을 만큼 늘었고, 제약과 의료 기술의 발달 덕분에 사람들의 평균 수명도 엄청나게 길어졌답니다. 우리나라만 해도 50년 전엔 60세가 채 안 됐던 평균 수명이 지금은 80세를 넘어서고 있잖아요. 어디 사람뿐인가요? 개나 고양이 등 반려동물의 수명도 굉장히 길어졌지요.

사람이나 짐승이나 살면서 이런저런 병에 걸리는데, 이토록 오래 살게 된 데는 항생제가 큰 역할을 했음을 알 수 있겠죠? 가벼운 상처의 감염으로 죽는 일도, 설사하다가 죽는 일도 아주 드물어졌어요. 폐결핵에 걸려 피를 토하다가 죽는 사람도 보기 힘들어졌고, 그 무섭다던 폐렴에 걸려 죽는 어린 아이도 쉽게 찾아볼 수 없게 됐어요. 특히 선진국에서는요. 이렇게 오랫동안 항생제는 정말 기적의 구원자처럼 보였답니다.

폐렴에는 아지트로마이신, 피부에는 네오마이신, 스트렙토마이신, 마이신, 마이신, 마이신……. 지금은 의사의 처방이 있어야만 항생제를 구입할 수 있지만 2000년대 전까지만 해도 애 어른 할 것 없이 동네 약국 어디서나 항생제를 구입할 수 있었어요. 그건 미국도 마찬가지여서 플레밍 박사의 예언대로 동네 가게에서 손쉽게 항생제를 살 수 있었지요.

병원에서는 어땠을까요? 어릴 때부터 제일 많이 걸리는 병이 감기예요. 감기는 바이러스가 일으키는 질병이기 때문에 세균(박테리아)을 죽이는 항생제는 전혀 소용이 없습니다. 하지만 감기 때문에 발생할 수 있는 여러 질병을 예방한다는 이유로 항생제를 함께 처방하거나 주사를 놨어요. 하긴 감기에 걸린 사람은 면역력이 약해요. 그럴 때 나쁜 세균이 몸 안으로 들어오면 또 다른 병에 걸리기 쉬우니까 예방 차원에서 항생제를 먹어야 한다고 하면 할 말은 없어요.

하지만 이렇게 감기에 걸릴 때마다 항생제를 먹게 되면 어떤 일이 벌어질까요? 처음엔 몸 안에 숨어 있었거나 새로 들어온 세균이 다 죽어요. 페니실린 계통의 항생제는 세균의 세포벽을 허물어서 죽여요. 그런데 이런 과정을 반복하다가 살아남은 세균 중 일부는 항생제가 끼어들지 못하도록 자신의 세포벽 구조를 바꿔 버려요. 그러고는 다른 종류의 세균에게도 그 방법(유전 정보)을 모두 알려 준답니다. 내성, 즉 항생제에 대한 면역력을 갖는 거예요.

최초의 페니실린이 효과가 없어지자 인간은 메티실린 같은 새로운 항생제를 만들었어요. 하지만 효과는 그리 오래 못 갔어요. 우리가 눈치채지 못

한 사이 세균은 자신의 유전 정보를 또 바꿔 버려요. 인간은 또 반코마이신 같은 새로운 항생제를 만들어 내지요. 하지만 세균은 또 자신을 바꾸고 그 정보를 서로 교환합니다.

우리 눈엔 보이지도 않는 초미세한 생명체의 지능이 무서울 정도로 뛰어난데, 사람들이 그 사실을 알았을 때는 이미 늦었는지도 몰라요. 많은 항생제에 내성을 가지고 있는 이러한 균을 '슈퍼 박테리아'라고 하지요. 다영이의 몸속에 이미 똬리를 틀고 있던 그 무서운 세균이에요.

다영이는 회복됐을까요? 다행히 3일에 걸친 검사를 통해 항생제 반코마이신에 대한 내성균이 없었다고 해요. 결국 회복한 다영이는 지금 건강한 몸으로 다시 학교에 다닌답니다.

세균은 꼭 사람의 몸에서만 자신을 바꾸는 것이 아닙니다. 항생제와 만나는 곳이라면 가축이나 물고기의 몸속 어디서든 자신을 지켜 내거든요. 고기 소비량이 늘면서 좁은 공간에 갈수록 많은 가축을 기르기 시작했어요. 이를 '공장식 축산'이라고 해요. 이런 환경에서 사는 동물들은 병에 걸리기가 아주 쉬워요. 가축을 키우는 사람들은 걱정을 안 했어요. 그들에게는 기적의 만병통치약인 항생제가 있었으니까요.

믿기 어렵겠지만 사람에게 쓰는 항생제와 똑같은 항생제를 가축에게도 썼어요. 갈수록 더 많은 가축을 몰아넣고, 항생제에 내성이 생긴 세균 때문에 다시 병이 생기면 더 독한 항생제를 마구 먹였답니다.

그런데 사람들이 몰랐던 사실이 있었어요. 가축이 똥과 오줌을 싸면 그 속에 섞여 항생제 내성을 가진 세균도 함께 나와요. 공기 중에 노출돼도 서너 시간은 족히 살아 있는 그 균들이 바람을 타고 주변으로 퍼지거나 물에 섞여 번식하지요.

평생 병원 몇 번 안 가 보고 항생제도 거의 먹어 본 적 없던 텍사스의 아주머니, 기억하나요? 그 아주머니의 몸속에 들어와 자리를 잡고 있던 슈퍼 박테리아가 바로 수 킬로미터 밖 돼지 똥으로부터 바람을 타고 날아온, 돼지 몸속에서 이미 탄생한 슈퍼 박테리아였던 거예요.

최후의 무기인 항생제 반코마이신조차 아무 쓸모가 없게 되자 아주머니는 의사의 권고대로 이전엔 상상할 수도 없는 처방을 받아들였어요. 바로 건강한 사람의 똥을 자신의 항문을 통해 장 속에 이식하는 것이었어요. 건강한 세균을 불러들여서 장내 세균의 균형을 새로 맞추고 나서야 아주머니는 비로소 건강을 회복할 수 있었어요. 플레밍 박사의 '라이소자임' 기억하죠? 건강한 사람의 콧물 속 세균이 플레밍 박사의 콧물 속 비염균을 죽인 것과 같은 원리예요.

현대 사회는 갈수록 사람들을 도시로 모이게 하지요. 사람이 늘면 병원이 늘어나고 큰 병원도 늡니다. 그리고 큰 병원에만 있는 게 있죠. 바로 응급실과 중환자실이에요. 아, 1년 내내 쉼 없이 돌아가는 수술실도 있군요. 이 세 곳에는 중요한 공통점이 하나 있어요. 위급한 환자를 취급하는 곳이니만큼

세 곳 모두 가장 많은, 그리고 가장 강한 항생제가 투입되는 곳이에요. 그 와중에 내성을 갖게 된 세균이 환자의 숨결을 통하거나 수술을 위해 열린 몸 밖으로 퍼져 나가는 일이 발생해요. 균들이 의사와 간호사의 옷이나 몸 안으로, 혹은 환자의 몸 안으로 스며들기 좋은 환경이지요. 병원이 슈퍼 박테리아의 1차 근원지 역할을 한다는 것은 이미 밝혀진 사실입니다.

수술은 깨끗하게 성공하고서도 패혈증에 걸렸던 미선 할머니는 바로 이런 환경에서 감염된 것입니다. 건강한 사람의 경우엔 슈퍼 박테리아가 몸 안에 들어와도 증세 없이 시간이 지나면서 균이 죽는 경우가 대부분이에요. 하지만 수술 후 면역력이 극도로 약해진 70대 노인의 몸속에서 세균은 맘껏 활동할 수 있었던 것이지요.

내 몸속 세균이 최고의 항생제

전 세계적으로 항생제의 사용량이 계속 늘고 있어요. 특히 요즘은 그 양이 줄어들고 있는 선진국과는 반대로 개발도상국의 사용량 증가가 눈에 띈다고 해요. 그중에서도 중국과 인도가 심해요.

우리나라는 어떨까요? 서글프게도 우리나라는 OECD(경제협력개발기구) 국가 중에서 가장 많은 항생제를 쓰는 나라로 기록돼 있어요. 병원, 축산업,

양식업 등 모든 분야에서 항생제를 남용하는 나라에 속하지요. 아직도 많은 병원이 갓난아이의 감기 치료에 항생제를 처방하고 있는 실정이니까요.

우리나라에서는 최근 10년간 패혈증 환자의 수가 매년 천 명 이상씩 증가하고, 사망률도 높아지고 있어요. 꼭 우리나라만의 이야기는 아닐 거예요. 수십 년 동안 항생제 때문에 많이 사라졌던 폐결핵 환자도 다시 증가하기 시작했는데, 문제는 최근의 결핵이 기존의 항생제로는 치료할 수 없는 **다제 내성 결핵**이라는 사실입니다. 새로운 항생제를 만들 수 있을까요?

다제 내성 결핵

'다제 내성균'은 네 가지 이상의 항생제에 내성을 갖는 병균을 이르는 말이에요. 그러니 '다제 내성 결핵'이란 기존의 여러 가지 항생제에 내성을 갖고 있어 치료가 어려운 결핵을 말합니다.

슬프게도 1987년 이후로 새로운 항생제의 개발이 멈췄습니다. 항생제를 개발하는 속도보다 세균이 내성을 갖는 속도가 훨씬 빠르기 때문에 개발을 포기했어요. 고도로 발달한 인간의 과학 기술 수준으로도 세균을 이길 수가 없다는 결론에 도달한 것이지요.

세계보건기구(WHO)에 따르면 전 세계에서 매년 70만 명 이상이 항생제 내성균 감염으로 사망하고 있다고 해요. 이런 추세라면 2050년쯤에는 그 수가 천만 명 정도까지 늘어날 것으로 예측하지요. 미국에서만 항생제 내성균으로 매년 2만 3천 명 이상이 목숨을 잃는데, 이는 다른 어떤 질병으로 사망한 수보다 많아요.

이대로 가다가는 다시 100년 전으로 돌아갈지도 모를 일입니다. 항생제한 알이 없어서 사람이 죽는 것이 아니라 그 많은 항생제를 써 봤자 소용이 없어서 죽는 것이지요. 세 박사가 살려 내지 못했던 그 경찰관처럼 정원의 장미를 손질하다 가시에 찔려 패혈증으로 생을 마감하는 모습이 우리의 미래일 수도 있다고 많은 과학자들이 걱정을 합니다.

당시 플레밍 박사가 발견했던 사실이 또 있어요. 우리의 콧물뿐만 아니라 침, 눈물, 때로는 오줌 속에도 세균으로부터 우리 몸을 지키는 항생 물질이 조금씩 들어 있다는 사실이에요. 혹시 여러분은 길을 가다가 습관적으로 침을 뱉지 않나요? 어쩌면 그럴 때마다 우리는 밖에서 호시탐탐 기회를 노리는 세균들에게 문을 조금씩 열어 주고 있는지도 몰라요. 입안에 그득했던 나만의 항생제는 뱉어 내고 말이에요.

슬픈 노벨상에서 기쁜 노벨상으로

미래의 만병통치약은 내 몸 안에

김치, 청국장, 된장, 젓갈, 치즈 등의 발효 식품에 굉장히 많은 항생 물질이 들어 있다는 사실은 이미 증명되었어요. 그래서 발효 식품이 인류의 미래 식품이라는 걸 부정하는 전문가는 거의 없지요.

우리나라는 전 세계에서 가장 많은 발효 식품을 갖고 있는 나라입니다. 김치만 무려 200가지죠. 젓갈과 장아찌 등을 합치면 전 세계의 발효 식품을 합친 것보다 많은 수를 갖고 있어요.

장내에 유산균이 풍부하면 면역력이 높아져 수많은 질병을 예방할 수 있어요. 잘 익은 김치에는 요구르트보다 월등히 많은 유산균이 들어 있답니다. 항생제를 꼭 약으로 먹어야만 할까요?

제 4 장
영혼을 잃은 과학자의 최후

독가스

하늘의 먼 자락으로부터 시작된 푸른 기운이 지상까지 드리우기 시작합니다. 독일군의 진지에서 밤새 퍼부어 대던 폭격도 어느 순간 멈췄습니다. 프랑스군 진지에 수백 발이 떨어졌는데도 피해는 별로 없었습니다. 프랑스 쪽 전선을 지키는 병사들은 모두 참호 속에 숨어 있었기 때문이지요.

"연막탄!"

까무룩 잠에 빠지려던 병사들이 일시에 눈을 치켜뜹니다. 어느새 주변은 훤히 밝아 옵니다. 지대가 높은 프랑스 진지를 향해 녹황색의 연기가 스멀스멀 올라옵니다. 바람의 방향이 프랑스 쪽으로 부는 걸 보니 독일이 연막탄을 터뜨린 게 분명해 보입니다.

"모두 총구에서 눈을 떼지 마라. 저 연막탄 사이로 독일군이 나타날 것이니 두 눈 똑바로 뜨고 있을 것!"

삶과 죽음이 갈릴 수 있는 순간입니다. 병사들도 연기 속을 뚫어지게 쳐다보고 있습니다. 연기가 참호 몇 미터 앞까지 다가오지만 독일군은 그림자도 비치지 않습니다. 지휘관은 계속 소리칩니다. 병사들은 방아쇠에 손가락을 걸어 놓은 채 눈을 이리저리 굴립니다. 몇 초나 흘렀을까요?

참호 속 병사들이 고통스러운 비명을 지르며 거꾸러지기 시작합니다. 하

나같이 목과 가슴을 쥐어뜯으며 데굴데굴 굴렀지요. 비명도 크게 지르지 못할 정도로 고통에 몸부림쳤습니다. 본능적으로 병사들은 숨을 참고 참호 바닥에 바짝 엎드렸지만 소용없었어요. 그 녹황색의 연기는 공기보다 무거워 참호 바닥으로 깔렸거든요.

그나마 움직일 수 있는 병사들은 필사적으로 참호 밖으로 나와 바람을 등지고 뛰기 시작했습니다. 단 한 명의 독일군도 나타나지 않은 상태에서 수많은 전우가 참호 안과 밖에서 죽어 가고 있었지만 아무도 도우러 갈 수 없었습니다. 도망가던 자신의 목과 폐도 타들어 가고 있었으니까요.

그 아침에 무려 6km에 달하는 프랑스의 전선이 순식간에 무너졌습니다. 참호 안에 있던 병사들은 어떤 구조도 받지 못한 채 한 시간을 넘기지 못하고 죽었고, 참호 밖으로 탈출한 병사 중 상당수도 시체가 되어 나뒹굴었지요. 단 한 발의 총성도 없이 말입니다.

식민지보다는 과학 기술이 우선

제1차 세계대전 중이던 1915년 4월 22일 독일군과 프랑스군이 대치하고 있던 벨기에 서부의 이프르(Ypres) 전선. 독일군은 인류 역사 최초로 전쟁에서 대대적으로 화학 가스를 사용했어요.

이프르에서 독일군은 무려 168톤에 달하는 가스를 6천 개의 실린더에 담아 왔어요. 그리고 밤새 포탄을 퍼부어 상대편의 정신을 쏙 빼놓은 뒤, 어둠이 걷힐 무렵 바람의 방향이 맞아떨어지자 그 모든 실린더의 밸브를 열었답니다. 바람은 중간에 방향이 바뀌지도 않고 프랑스군의 참호 쪽으로 가스를 날라다 주었지요.

결과는 너무나 참혹했어요. 5천 명 정도의 프랑스 병사들이 한 시간을 못 버티고 죽었으니까요. 그중 대부분은 참호 속에서 가스를 마신 지 불과 십 분 안에 사망했다고 합니다. 상상이 되나요? 총알 자국 하나 없이 죽어 있는 수많은 병사들의 시신이요. 그뿐이 아니었어요. 살아남은 병사 중 만 명 정도가 불과 2~3일을 견디지 못하고 숨을 거두었답니다.

이날 이프르에서 독일군이 사용한 것은 염소 가스였어요. 액체 상태로 실린더에 갇혀 있던 염소는 살포되는 순간 공기와 섞이면서 녹황색의 기체로 변합니다. 이 기체 염소가 물과 만나면 염산(HCl)이 되지요. 알고 있나요? 염산이나 황산이 사람 몸에 닿으면 아주 심한 화상을 입게 된다는 사실을요. 그런데 우리의 눈, 입안, 폐 안에도 물(H_2O)이 있습니다. 결국 방독면도 없이 맨몸으로 이 가스를 마신 병사들은 눈과 폐가 타들어 가는 고통을 겪을 수밖에 없었어요. 염소 가스가 공기보다 2.5배나 무겁다는 사실을 알지 못하고 참호 바닥에 엎드린 병사들은 밖으로 빠져나오지도 못했답니다.

과거 중세 시절부터 교역이 발달하고 대성당과 아기자기한 집들로 가득

했던 벨기에의 아름다운 도시 이프르는 이미 수차례의 교전으로 폐허가 됐을 뿐 아니라, 인류 역사상 최초이자 최악의 질식 가스 실험장이 되었어요. 그런데 이 끔찍한 실험을 강력하게 주장한 사람은 독일의 황제도, 수상도, 군대 지도자도 아닌 한 과학자였답니다.

프리츠 하버(Fritz Haber, 1868~1934). 아마도 여러분은 이 이름을 잊을 수 없을 거예요. 왜냐하면 이 사람은 화학 비료를 만들어 낸 공로로 노벨상을 받은 과학자이자 수많은 사람들의 목숨을 앗아 간 살인마이기 때문입니다. 노벨상이 인정했던 공로는 인류를 굶주림으로부터 구원할 정도로 식량 증산의 길을 열어 준 그의 업적이었어요.

프리츠 하버는 1868년 독일 브레슬라우(제2차 세계대전이 끝나고 폴란드에 넘겨주면서 지금은 폴란드어로 브로츠와프로 불림.) 지방에서 태어났어요. 독일에서 오래 정착해서 살아온 유대인의 후손이었지요. 부유한 가정 환경 덕에 어릴 적부터 라틴어, 그리스어 등을 익혔고 여러 대학에서 자신이 전공한 화학을 맘껏 공부하고 실험할 수 있었답니다. 30세의 나이에 대학교수가 되었을 정도로 뛰어난 두뇌의 소유자이기도 했어요.

그 시절 독일에는 뛰어난 과학자가 굉장히 많았어요. 17~19세기까지 300년 동안 유럽의 강국은 전 세계의 약한 나라를 침략해서 자신들의 식민지로 만드는 데 혈안이 되어 있었답니다. 포르투갈은 남아메리카의 브라질과 아프리카 5개국, 에스파냐는 브라질을 제외한 남아메리카의 모든 국가,

영국은 인도, 홍콩, 그리고 아프리카의 몇 나라들, 프랑스는 베트남, 그리고 아프리카의 가장 많은 나라를 식민지로 거느리고 있었죠. 하지만 1894년 경부터 식민지 정벌에 나선 독일은 아프리카의 작은 나라 몇 개와 태평양에 있는 섬 몇 개 정도가 고작이었어요. 독일은 영국, 프랑스 등과 식민지 경쟁을 하는 대신 과학 기술의 최강국으로 가는 길을 택했던 겁니다.

그래서였을까요? 산업 혁명이 일어난 곳은 영국이었지만 19세기 말과 20세기 초에 독일은 가장 강한 기술력을 가진 나라가 되었어요. 조금 과장하면 노벨상을 독일인 과학자들이 점령했다고 할 수 있지요. 최초의 노벨 물리학상도 X선(X Ray)을 발견한 독일 과학자 뢴트겐 박사에게 돌아갔답니다.

하버의 친구 중에는 그 유명한 아인슈타인도 있었어요. 또한 1925년에 에너지는 일정한 양으로만 원자에 의해 흡수된다는 이론을 입증한 연구로 노벨 물리학상을 공동 수상한 제임스 프랑크와 구스타프 헤르츠, 1944년에 핵분열을 발견한 공로로 노벨 화학상을 받은 오토 한 같은 뛰어난 젊은 과학자들이 (프리츠)하버 가스 부대의 일반 사병으로 복무하고 있었을 정도였지요.

뛰어난 화학자인 하버는 역시 뛰어난 화학자였던 카를 보슈(Carl Bosch, 1874~1940)와 함께 질소와 수소를 합성해 암모니아를 만들어 내는 데 성공했어요. 하버는 대기의 78%나 되는 질소를 잡아채서 비료의 재료가 되는

모든 과정을 밝혀냈고, 보슈는 그 과정에서 발생하는 높은 압력을 이겨 낼 방법을 개발했어요. 마침내 1913년 '하버-보슈법(Haber-Bosch process)'이라고 불리는 대량 생산 공정을 완성했지요.

이것이 무엇을 의미할까요? 과학이 발전하면서 질소가 식물을 쑥쑥 크게

만든다는 사실을 알게 되었어요. 그런데 그 질소란 놈은 공기 중에 넘쳐나지요. 이제 그것을 잡아들여서 무한정 비료로 만들 수 있게 됐으니 식량을 어마어마하게 늘릴 수 있답니다. 이론상으로는 굶어 죽는 사람이 더는 없게 되었죠.

100년이 지난 지금도 전 세계에서 만드는 화학 비료의 40%를 하버–보슈법으로 생산한다고 하니 정말 놀랍지 않나요?

과학자, 살인마가 되다

이듬해 제1차 세계대전이 일어나자 영국은 해군을 동원해 적국인 독일의 수출입을 막았어요. 제일 중요한 품목은 독일이 칠레로부터 수입하던 천연 비료인 '구아노'였어요. 구아노 주성분인 질산염은 비료의 원료이기도 하면서 폭탄을 제조하는 화약의 원료이기도 했으니까요. 하지만 독일은 구아노 없이도 끄떡없었어요. 왜일까요? 독일에겐 '하버–보슈법'이 있었기 때문입니다.

비록 유대인이었지만 하버는 자신을 뼛속까지 독일인이라 생각했어요. 독일 대학의 교수가 되기 위해 젊은 시절에 이미 기독교로 종교를 바꾸기도 했고요. 전쟁이 터졌을 때 애국자인 프리츠 하버에게는 한 가지 선택밖에 없었어요. 바로 군대에 지원하는 것이었죠.

하버는 자신이 만드는 화학 가스를 전쟁터에서 사용하자고 정부와 군대를 설득했지만 처음엔 받아들여지지 않았어요. 실제로 그 성능에 대해 군 지도부가 그다지 확신을 갖지 못한 데다가, 가스탄 사용을 금지하자는 국제

조약에 독일 정부도 서명을 했기 때문이에요. 하지만 전쟁을 일찍 승리로 이끌 수 있다고 자신했던 독일의 계산이 어긋나 연합군에게 밀리는 상태가 되자 정부도 하버의 의견을 받아들입니다. 영국, 프랑스, 러시아 등 강국들과 긴 전쟁을 하기엔 독일이 확보하고 있던 전쟁 물자가 턱없이 부족했으니까요.

드디어 하버는 장교 신분으로 가스 부대를 이끌고 전투에 참여하게 되었지요. 그리고 1915년 4월 22일, 폭탄으로 만드는 대신 실린더에 담아 간 엄청난 양의 염소 가스를 벨기에 이프르 전선에서 살포했습니다.

결과는 너무 놀라웠어요. 프랑스 진영에 얼마나 피해를 줄 수 있을지 확인하려 했을 뿐인데, 그 엄청난 살상력에 하버 자신도 놀랐죠. 알았다면 병력을 더 준비해서 프랑스 진영을 아예 점령했을 테니까요. 그날 이후 독일은 본격적으로 화학 가스를 사용하게 되었고 '하버연구소'의 책임자였던 프리츠 하버의 위상은 치솟았습니다.

열흘 뒤, 하버는 군 동료들을 데리고 집으로 돌아왔어요. 밤늦도록 파티를 열었지요. 이프르 전투에서의 승리를 자축하고 다음 전선으로 떠나기 전에 사기를 드높이기 위함이었어요. 모두가 승리의 기대감에 취해 자고 있던 새벽, 한 발의 총성이 정적을 깼습니다. 모두가 놀라 총성이 들린 정원으로 나가자 그곳에는 한 여인이 가슴에 피를 흘린 채 죽어 있었어요. 그녀는 다름 아닌 하버의 아내였습니다.

"1915년 4월 22일을 기억하라!"
전쟁광이 되어 버린 프리츠 하버, 과학자의 탈을 쓴 악마가 되다!

✱ 하버와 그의 아내 클라라

※ 2차 세계대전 당시 미군에서 사용한 포스겐 식별 포스터

같은 고향에서 자란 유대인이자 스스로도 뛰어난 화학자였던 클라라의 삶은 하버와의 결혼 이후 끝없이 추락했어요. 과학자로서의 삶을 포기하고 그저 남편의 뒷바라지나 하는, 그 시절 다른 여성들과 똑같은 삶을 남편으로부터 강요당했죠. 하지만 그녀가 정말 못 견뎠던 것은 과학자인 남편이 살인광으로 변해 가는 것을 지켜봐야만 하는 것이었답니다. 설득도 해 보고 눈물로 호소도 해 보았지만 아무 소용이 없었어요. 남편 친구들에게 편지도 보내 보았지만 요지부동이었지요. 친구인 아인슈타인의 설득마저 쓸모없었고요. 총으로 죽나 가스로 죽나 무엇이 다르냐며, 평화의 시기가 아닌 전쟁 시에 과학자가 할 일은 오로지 조국의 승리를 위해 몸을 바치는 것뿐이라고 하버가 항변했다고 해요.

　절망에 빠진 아내 클라라는 마지막 호소를 자살로, 그것도 남편의 총으로 하고 말았지요. 하지만 이미 전쟁광이 되어 버린 하버는 어미의 시신 앞에서 얼이 빠져 있는 열세 살짜리 아들과 하인들에게 뒷수습을 맡기고 러시아 전선으로 떠나 버렸답니다.

　이성을 상실한 이 과학자는 이후에도 계속 새로운 화학 가스를 만들어 전쟁에 퍼부었어요. 포스젠(질식성 가스)과 겨자 가스가 대표적이었죠. 냄새도 없고 색깔도 없는 포스젠은 처음엔 자극이 그리 크지 않지만 시간이 지나면 염소 가스처럼 폐를 녹여 버려 더욱 오랫동안 고통 속에서 죽음을 맞게 합니다. 겨자 가스는 겨자를 원료로 만든 가스가 아닙니다. 단지 겨자의 냄새가 나는 가스죠. 이것도 마신 지 열두 시간 정도 지나면 피부와 눈, 기관지와 폐를 서서히 녹이는 무서운 가스였어요. 이런 상태로 죽기까지 4주 정도가 걸리는데, 그동안 군의관이 할 수 있는 일이라곤 환자의 손과 발을 침상에 묶어 두는 것뿐이었답니다.

그래서 전쟁이 독일의 승리로 끝났을까요? 답은 여러분도 잘 알고 있죠? 이프르 전투 이후 독일뿐만 아니라 영국을 비롯한 연합국도 화학 가스를 무기로 사용하기 시작했답니다. 아예 폭탄으로 만들어 투하하기 시작했죠. 물론 독일군이 두 배 정도 더 많은 가스를 사용했지만 양측이 1차 세계대전 동안 퍼부은 가스 때문에 죽은 사람이 10만 명이 넘었고, 후유증 때문에 전쟁이 끝난 후에도 고통 속에서 살다 간 사람의 수는 그 열 배가 넘습니다. 양측이 방독면을 쓰지 않았다면 아마도 그 수는 수백만 명으로 늘었겠지요.

전쟁에서 패한 후에도 하버는 독일 정부의 보호 아래 스위스에서 몸을 숨기고 있었어요. 그러던 어느 날 스웨덴 왕립학회로부터 뜻밖의 소식을 받습니다. 바로 자신이 노벨 화학상 수상자로 선정되었다는 소식이에요. 국제 사회의 반대가 엄청 심했지만 노벨 위원회는 수많은 사람들을 기아로부터 구원해 줄 암모니아 합성법, 즉 화학 비료 생산의 길을 열어 준 그의 공로를 인정할 수밖에 없다는 입장을 굽히지 않았답니다.

1918년 겨울, 노벨상을 받는 수락 연설에서 하버는 또 한 번 세상을 놀라

게 했어요. 세상을 향해 무릎 꿇고 속죄하는 대신 "세상은 1915년 4월 22일을 기억할 것"이라며 오히려 당당하게 자랑을 했답니다.

전쟁은 패했는데 하버는 승승장구했어요. 독일 최고의 권위를 갖는 빌헬름연구소 소장이 되어 맘껏 화학 가스를 연구하고 개발했을 뿐 아니라 여러 면에서 막강한 권력을 행사하고 있었죠. 물론 독일 화학의 발전을 이끌었고요. 하지만 영원히 그의 편에 서 있을 것 같았던 운명의 신이 등을 돌리는 날이 찾아오고 말았답니다.

스스로 지워 버린 이름, 프리츠 하버

독일에서 제1차 세계대전 때 한낱 병사에 불과했던 아돌프 히틀러가 권력을 잡게 되었지요. 이것이 무엇을 뜻하냐고요? 유대인인 프리츠 하버가 모든 자리에서 쫓겨날 뿐만 아니라 살기 위해서 독일을 떠나야 한다는 뜻이죠. 결국 1933년 나치에 의해 연구소에서 쫓겨난 하버는 영국으로 건너갔어요. 케임브리지대학에서 그의 실력을 활용하기 위해 교수로 초청했거든요. 그러나 하버는 그곳에서 전혀 적응할 수 없었어요. 학생이든 교수든 살인마인 그를 교수, 혹은 동료로 인정해 주지 않았지요. 그들의 눈에 하버는 그저 과학자의 탈을 쓴 악마일 뿐이었어요.

이듬해 1월, 하버는 스위스 북부에 있는 도시 바젤의 작은 호텔에서 심장마비로 숨을 거두었어요. 이스라엘의 초대 대통령이 될 사람의 초청으로 한 연구소를 방문하러 가던 길이었지요. 뛰어난 화학자, 노벨상 수상자, 무자비한 살인마. 그러나 마지막은 비렁뱅이의 죽음만큼이나 쓸쓸했답니다. 그의 죽음과 함께 그의 이름, 그리고 그가 드리운 죽음의 그림자도 함께 사라졌을까요?

1920년대 중반, 패전 후에도 여전히 전성기를 누리던 하버는 그의 팀 과학자들과 함께 명품이라 불릴 만한 가스를 하나 만드는 데 성공했어요. 그리고 그 빠르고 광범위한 살상력에 걸맞은 이름을 붙였지요. 독일어로 지은 그 이름은 '지클론 A(Zyklon A)'였는데 영어로 하면 '사이클론 A(Cyclone A)'예요. 사이클론은 인도양에서 발생하는 거대한 열대성 저기압으로 태풍의 사촌입니다. 그런데 사실 지클론 A는 사람을 대상으로 한 독가스가 아니에요. 곡물 저장소 내에 있는 벌레를 순식간에 전멸시키기 위한 살충제였어요. 뚜껑에 바늘구멍만 한 틈만 있어도 사방으로 퍼져 나가 곡물 더미 속 깊이 숨은 벌레까지 죽이는 강력한 살충제였죠.

하버가 이 가스를 만든 이유는 무엇이었을까요? 그의 '조국' 독일의 국민이 한 톨이라도 더 많은 양식을 먹고 다시 일어서기를 바라는 마음이었어요. 결코 사람에게 쓸 의도는 없었을 거예요. 그런데 이 살충제가 제2차 세계대전 중 나치의 눈을 잡아끌었습니다.

아우슈비츠와 같은 수용소에 유대인이 들어오면 나치가 제일 먼저 하는 일은 노동을 할 수 없는 노인과 아이, 장애인 등을 먼저 제거하는 것이었어요. 살아남은 유대인도 다음 포로가 들어오면 같은 운명을 맞아야만 했지요. 일일이 총을 쏘아 죽여야만 했던 나치의 레이더망에 어느 날 '지클론 A'가 포착됐답니다. 나치는 그것을 변형시켜 '지클론 B'라 이름 붙인 후 아우슈비츠에서 본격적으로 사용하기 시작했어요. 변형은 살상력의 강화를 의미하겠죠? 이후 아우슈비츠를 비롯한 수용소에서 유대인을 '인종 청소'하는

데 '지클론 B'가 독점적으로 사용되었답니다.

　하버는 죽는 순간까지도 몰랐겠지요. 자신의 손에서 탄생한 걸작이, 자신이 그토록 떠받들었던 '조국' 독일의 명령으로, 자신의 동족 수백만 명과 자신의 친척까지 살해할 것이라는 사실을요.

슬픈 노벨상에서 기쁜 노벨상으로

전쟁이라는 이름으로

제1차 세계대전은 화학자들의 전쟁으로 불립니다. 이제 여러분도 그 이유를 알겠죠? 전쟁이 나면 더 많은 적을, 더 짧은 시간에 없애기 위해 과학자들이 동원됩니다. 더 성능 좋은 탱크, 폭탄, 잠수함, 전투기를 빠른 시간에 만들기 위해 금속학자, 기계공학자, 전자공학자 등 모조리 살인자가 되어야 하지요.

우주와 지구의 원리를 연구하던 물리학자는 2차 세계대전에서 핵폭탄을 만드는 데 동원되었죠. 원자핵을 쪼개서 노벨상을 받게 될 오토 한은 히틀러 밑에서 무기 개발에 동원되었고, 히틀러의 전쟁 동원령에 서명하기를 거부하고 미국으로 망명했던 아인슈타인도 결국은 미국의 핵폭탄 개발에 동의하는 서명을 할 수밖에 없었습니다. 이런 것이 바로 전쟁입니다.

과학자가 살인마가 되지 않는 길은 무엇일까요?

제 5 장

지구를 **병들게 한** 공기로 만든 빵

화학 비료

 아주 오래전 남아메리카 칠레 북쪽에 위치한 한 농촌 언덕배기에서 한 무리의 농민들이 한숨 섞인 이야기를 나누고 있었어요. 농부들은 독한 포도주인 피스코를 마시며 해 지는 수평선을 바라보았지요. 세상 누구도 그 끝을 알 수 없는 태평양의 수평선을요.

 "도대체 이놈의 전쟁은 언제 끝나는 거야? 벌써 몇 년째인지 알아?"

 "올해는 농사도 흉년인데…… 전쟁 때문에 마을에 사내들까지 부족하니 더 힘드네. 언제쯤이면 돌아올 수 있을지 원."

 "그러게 말일세. 촌장님은 뭐 새로운 소식이라도 들은 것 없으세요?"

마을 촌장은 피스코 한 모금을 천천히 들이켠 후 태평양을 향해 고개를 저었어요.

"이해할 수가 없어. 대관절 그놈의 새똥이 뭐라고!"

촌장이나 마을 사람들이나 정말 이해할 수 없었어요. 금이나 다이아몬드, 혹은 비옥한 땅도 아닌 새똥을 차지하기 위해서 전쟁을 한다니 말입니다. 무려 5년 가까이 치르고 있는 전쟁이었지만, 사실 대부분의 칠레 농민은 과거에 원수진 일 한번 없던 이웃 나라 페루와 무엇 때문에 전쟁을 벌이는지도 몰랐답니다. 도대체 무슨 일이 일어났던 걸까요?

새똥 전쟁

남아메리카의 서쪽 태평양을 따라 아주 길게 뻗은 나라가 있어요. 바로 칠레입니다. 그리고 그 위에 칠레만큼 길지 않지만 면적은 훨씬 큰 페루가 자리하고 있어요. 두 나라 모두 중남미 다른 나라들처럼 에스파냐 식민지였다가 19세기 초반 비슷한 시기에 독립했어요.

페루 남쪽 해안에서 조금 떨어진 태평양 바다에 친차 군도가 있어요. 크고 작은 섬들이 무리를 지어 있는 것을 군도라고 해요. 비가 거의 내리지도 않고 물도 없어서 사람이 도저히 살 수가 없는 섬들이었어요. 대신 수천만 마리의 새들이 살고 있었답니다.

섬들은 모두 수십 미터, 혹은 수백 미터 높이의 봉우리로 덮여 있었어요. 멀리서 보면 섬의 산봉우리처럼 보였지만, 사실 그 모든 것이 수만 년 동안 쌓여서 산처럼 굳은 새똥 무더기였어요. '구아노'라 불렸지요.

아주 옛날부터 페루 잉카의 후예들은 구아노를 캐다가 농사지을 거름으로 써 왔는데, 당시 지배자였던 에스파냐는 그것의 효과를 제대로 알지 못했답니다. 하지만 산업 혁명 이후에 과학 기술이 나날이 발전하면서 구아노의 성분을 제대로 알게 되었어요. 작물이 성장하는 데 가장 핵심적인 역할을 하는 성분이 질소, 인산, 칼리(칼륨)인데 구아노를 분석해 보니 그 세 가지 성분이 완벽한 비율로 섞여 있는 것 아니겠어요? 그래서 1830년대부터 영국을 비롯한 유럽 여러 나라는 페루 정부에게 큰돈을 주고 친차 군도에 있는 구아노를 채굴해서 유럽으로 실어 나르기 시작했어요. 때마침 유럽에서는 증기 화물선과 증기 기관차가 발명된 터라 더 많은 양을 더 빨리 나를 수 있었지요.

우리 조상들과는 달리 거름을 만들 줄 몰랐던 유럽과 미국의 농부에게 이 구아노는 그야말로 하늘이 내려 준 선물이었어요. 그러니 비싼 돈을 내고라도 사기 위해 농장주들이 줄을 섰지요. 페루 정부는 산업을 발전시킨다는 이유로 아예 친차 군도의 구아노 산들을 담보로 유럽으로부터 큰 빚을 지기까지 했답니다.

✖ 친차 군도의 구아노 채굴

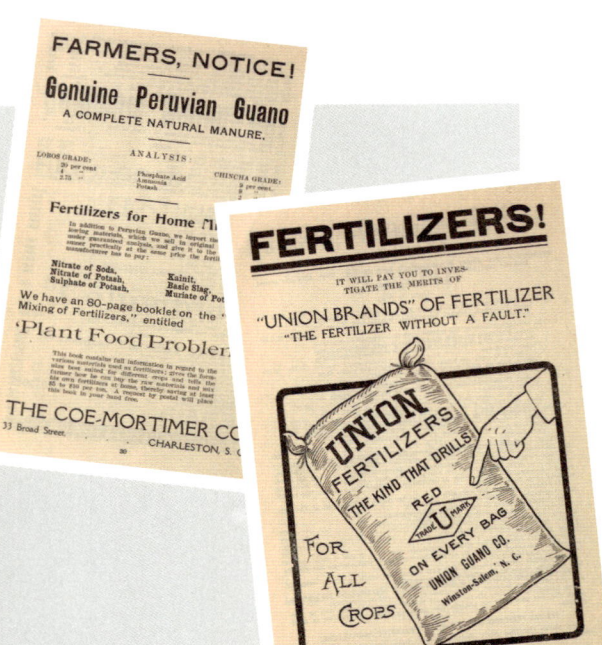
✖ 페루 구아노 광고

신이 내린 선물을 둘러싼 인간의 욕심
지구의 미래에 재앙을 불러들이다!

그렇게 몇십 년이 흐르고 난 1876년 어느 날, 페루 정부는 날벼락 같은 선언을 합니다. 산업화에 실패해 빚더미에 앉은 페루 정부가 외국에 진 빚을 갚지 않겠다고 선언한 거예요. 엎친 데 덮친 격으로 페루 정부는 모든 구아노 산업을 국유화해 버렸는데, 이는 유럽의 나라에는 청천벽력과 같은 소식이었어요. 산업 혁명 이후로 인구수가 빠르게 늘어났고, 거름인 구아노가 없으면 그야말로 굶어 죽게 생겼거든요. 그런 와중에 칠레와 가까운 페루의 내륙 해안에서 또 다른 구아노 산들을 발견했어요. 양도 친차 군도보다 훨씬 많았다고 해요.

상상이 가나요? 어마어마한 금광을 발견했는데 손끝 하나 댈 수 없다면 여러분은 어떤 심정이겠어요. 구아노에 목을 매고 있던 강대국들이 가만히 지켜만 봤을까요? 그랬을 리가 없죠. 유럽 국가들은 칠레를 살살 꼬드겨 페루와 전쟁을 하자고 했어요. 승리하면 페루의 구아노를 빼앗아 함께 나누자고도 하고요. 하지만 아무리 구아노 산업이 탐난다 한들 칠레는 경제적으로나 군사적으로나 페루의 적수가 못 되었어요.

그러자 강대국들이 본격적으로 나서기 시작했어요. 영국은 칠레 해군을, 프랑스는 칠레 육군을 돕고, 미국도 나서서 전쟁 비용과 무기를 지원했답니다. 결과는 불을 보듯 뻔했죠. 페루가 인접한 볼리비아와 연합 전선을 결성하며 저항했지만 참담히 패배하고 말았어요. 칠레는 약속대로 빼앗은 구아노를 유럽과 미국에 싼값에 수출하기 시작했고요.

1879년부터 1883년까지 치른 이 전쟁의 공식적인 이름은 태평양 전쟁(남미 태평양 전쟁)이지만, 이러한 사연 때문에 새똥 전쟁이라 불린답니다. 그리고 구아노라 불린 페루의 새똥은 화학 비료가 발명되기 전까지 유럽과 미국의 농업을 살리기 위해 끊임없이 팔려 나가야 했어요. 그것도 헐값에 말이죠.

마술 하나, 공기로 빵을

질소라는 물질이 있어요. 원소 기호 N으로 표기하는 이 물질은 산소나 수소처럼 우리 눈에 보이지 않지만 지구의 대기 중에 가장 많이 존재합니다. 무려 78%나 되지요. 18세기 말에 영국 과학자에 의해 발견된 이 기체는 그 후 얼마 지나지 않아 작물이 성장하는 데 핵심적인 역할을 한다는 사실 또한 알려졌어요. 그리고 폭탄을 만드는 데에도 요긴하게 사용될 수 있었지요.

과학적으로는 아주 큰 발견이었지만 문제가 있었어요. 대기 중에 넘치고 넘치는 것이 질소인데, 그것을 끌어다 쓸 방법을 찾지 못했어요. 필요할 때마다 번개를 만들어 낼 수 있다면 모르지만요. 번개가 치면 대기 중 질소가 산소와 화학 반응을 해 질소 산화물을 만드는데, 그것이 비에 섞여 내리게 돼요. 하지만 이런 방식으로 토양 속에 흡수되는 질소는 너무 소량이어서 해마다 늘어나는 경작지에 양분을 주기에는 턱없이 부족했어요.

게다가 수만 년에 걸쳐서 자연이 만들어 준 구아노라 하더라도 계속 캐내다 보면 얼마 못 가서 바닥을 드러낼 수밖에 없어요. 그래서 일부 과학자들은 공기 중에 있는 질소를 잡아서 비료로 쓸 방법을 연구하는 데 온 힘을 쏟았답니다. 그리고 드디어 문제를 해결한 영웅이 나타났지요.

프리츠 하버, 여러분 이 이름 기억하지요? 역사가 기록은 하였지만 기억하지 않은 비운의 과학자. 카를 보슈와 함께 질소를 이용해 인류 최초로 화학 비료를 공장에서 대량으로 만들어 내는 데 성공한, 그래서 농업에 일대 혁명을 일으킨 노벨상 수상자 말이에요. 당시 사람들은 그를 가리켜 '공기로 빵을 만든 사람'이라고 했어요.

프리츠 하버보다 100여 년 전에 태어난 맬서스라는 경제학자가 예언을 했어요. 맬서스에 따르면, 인구는 기하급수적(폭발적)으로 늘어나는데 식량의 증가는 그에 훨씬 못 미치니, 인류는 끊임없이 식량을 확보하기 위해 전쟁을 일으킬 수밖에 없다는 것이에요. 그가 쓴 《인구론》에서 주장한 내용인데, 전쟁을 방지하기 위해서 산아 제한을 하지 않으면 안 된다는 주장을 펼쳤답니다. 아이를 적게 낳아야 한다는 말이지요.

산업 혁명 이후에 인구는 빠르게 증가하기 시작했어요. 영국의 런던이나 맨체스터 같은 도시엔 하루가 다르게 공장이 들어섰어요. 그뿐인가요? 노동자들이 묵을 숙소와 생활용품을 파는 가게, 일이 끝나면 힘든 몸을 녹여 줄 술집들까지……. 모든 농촌의 젊은이들이 도시로 몰려들어 공장 노동자가 되면서 도시의 인구는 폭발적으로 증가했어요. 반면 농촌엔 일손이 부족했지요. 그런데도 농촌에서 생산되는 식량은 늘어났어요. 바로 하늘이 내려 준, 아니 옛 식민지에서 헐값에 들여온 천연 퇴비인 구아노 덕이었죠.

 식량도 늘어나고 도시에서는 각종 상품이 넘쳐나니 사람들이 안심하고 아이를 낳았을지도 몰라요. 게다가 의료 기술도 함께 발전하면서 유아 사망률은 갈수록 낮아져 인류 역사상 본 적이 없을 만큼 인구가 증가하기 시작했어요. 그러다 보니 밀 생산이 아무리 늘어도 급증하는 인구를 먹일 빵을 다 만들 수가 없었어요. 이대로 방치한다면 정말 빵 때문에 전쟁이 일어나지 않을까, 하는 생각에 처음엔 맬서스의 이론에 시큰둥하던 학자들도 점점 관심을 갖기 시작했답니다.

하지만 프리츠 하버는 이 공포 영화 같은 예언을 단번에 꺾어 버렸어요. '인구가 기하급수적으로 증가한다고? 그래서 뭐? 식량도 폭발적으로 증가할 수 있다고!'라며 말이죠. 그리고 그것을 입증했어요.

밀밭에 화학 비료를 주자 구아노를 비료로 주었을 때보다도 훨씬 빠르게 자라기 시작했어요. 줄기든 잎이든 쑥쑥 자랐는데 심지어 가뭄이 들어 비를 제대로 맞지 않아도 성장을 멈추지 않았죠. 게다가 열매인 밀알이 몇 배나 더 달리기 시작했어요.

공기 중에 있는 질소를 잡아들여서 빵의 원료인 밀을 상상을 초월할 정도로 많이 생산하게 되었으니, 정말 공기로 빵을 만들어 낸 셈이죠. 이젠 인구가 아무리 늘어나도 다 먹여 살릴 수 있게 되었어요. 이렇다 보니 온갖 반대에도 불구하고 노벨 위원회가 전쟁광인 프리츠 하버에게 노벨 화학상을 주기로 결정했답니다.

그러자 그동안 유럽과 미국의 농업을 지탱해 주었고, 차지하기 위해 전쟁까지 치러야 했던 구아노는 즉각 역사의 뒤안길로 사라지게 되었어요. 손쉽게 사고팔 수 있는 비료가 생겼는데 그 먼 길을 고생스럽게 다녀올 필요가 없어졌지요.

농업에 거대한 혁명이 일어났습니다. 제1차 세계대전이 끝나자 공장을 더욱 크게 지어 비료를 대량으로 생산했고, 처음엔 비싸던 비료의 가격도 조금씩 내려갔어요. 식량의 증가와 의학의 발전 덕분에 1차 세계대전 때 10억 명 정도였던 세계 인구가 30년쯤 뒤 2차 세계대전이 끝난 후에는 25억 명가량으로 부쩍 늘어났답니다.

마술 둘, 광합성을 못 해도

10월 하순 어느 날, 고양시에 사는 재균 아재는 100평 정도 되는 자신의 텃밭으로 향했어요. 여름 내내 맛있는 열매를 내주었던 고추며, 토마토, 오이, 호박, 가지 등의 작물은 이미 한 해의 생을 다 마쳤거나 마쳐 가고 있었어요. 텃밭의 끝에는 스무 평 남짓한 배추밭이 있어요. 텃밭 농사를 시작한 5년 전부터 재균 아재는 김장밭을 일구었어요. 네 이랑엔 배추를 심고, 한 이랑에 무, 쪽파, 갓 등을 심었지요. 비록 시장에서 사던 것만큼 크고 우람하진 않았지만 충분히 한겨울을 날 만큼의 김장은 담글 수 있었답니다. 게다가 유기농으로 키워서인지 봄까지 아삭한 김치가 맛은 또 얼마나 고소하던지.

하지만 그날 텃밭을 찾은 재균 아재의 입에선 여느 해와 달리 깊은 탄식이 새어 나왔어요.

"올해는 도저히 김장을 못 하겠구먼! 절임배추라도 사는 수밖에 없겠어."

한창 속이 차 들어야 할 시기에 재균 아재의 배추는 제대로 자라지 못해

이파리들이 밭두둑에 거의 누워 있습니다. 수확할 때까지 한 달가량의 시간은 있지만 속이 차는 것은 꿈도 못 꿀 만큼 성장 자체가 거의 멈춰 버렸어요. 열심히 모아 두었던 오줌으로 웃거름도 줬지만 소용이 없었지요.

가을 내내 비가 너무 많이 왔습니다. 아마도 일주일에 이삼 일씩은 온 것 같았어요. 비가 오지 않은 날도 잔뜩 흐려서 높고 푸른 가을 하늘을 좀처럼 구경할 수 없던 날씨의 연속이었지요. 해를 보기 힘들어 광합성을 제대로 못 한 작물이 클 수가 없었던 겁니다.

재균 아재의 친구들이 짓고 있는 다른 밭들도 사정은 다 비슷해서 비행접시 배추만 가득하다고 해요. 후드득! 이런, 또 비가 내리기 시작합니다.

재균 아재는 눈길을 옆 밭으로 돌려 봅니다. 그곳엔 전혀 다른 모습의 배추밭이 있었어요. 칠순의 할머니가 혼자 짓는 150평 정도의 밭 중 3분의 1이 김장밭입니다. 노인이 혼자 짓는 농사라 힘에 부쳤어요. 그래서 할머니는 재균 아재가 하지 않는 세 가지를 합니다.

밭에 풀이 자라지 못하게 검정 비닐을 덮고, 벌레 피해를 막기 위해 농약인 살충제를 뿌립니다. 그리고 작물이 크게 자라라고 화학 비료도 줍니다. 그래서 할머니 밭에서 자라는 모든 작물은 크고 빠르게 자랍니다. 재균 아재가 처음 농사를 배울 적엔 그 작물들이 부럽기도 했어요.

재균 아재가 바라보는 할머니 밭의 무와 배추는 어떤 모습일까요?

마치 무슨 일이 있었냐는 듯 크고 우람하게 자란 배추들은 기세 좋게 속

을 채워 가고 있어요. 배추뿐만 아니라 무와 갓 등 모든 작물이 재균 아재네 작물과는 비교가 되지 않았어요. 무든 배추든 진초록을 띤 잎들이 늠름하게 빗방울을 맞고 있네요.

"하아, 정말 놀랍군! 광합성을 못 해도 저리 자랄 수 있다니……. 화학 비료의 힘이란!"

재균 아재는 진심으로 감탄하고 있었어요. 거의 소름이 끼칠 정도였지요. 하지만 고개를 절레절레 흔듭니다. 털끝만큼도 부럽거나 탐나지 않았거든요. 화학 비료 속 질소에 의해 광합성을 못 해도 강제로 자란 배추가 독이 될 수도 있음을 알기 때문이에요.

재균 아재 같은 도시 농부뿐만 아니라 농촌에서도 갈수록 많은 농부들이 옛 조상들이 했던 유기농으로 돌아가기 시작했어요. 비닐이나 농약을 사용하지 않을 뿐만 아니라 온갖 영양소가 골고루 들어 있다는 화학 비료도 절대 작물에 주지 않으려 합니다.

구세주 같았던 화학 비료가 발명된 지 100년, 도대체 그동안 무슨 일이 있었던 걸까요?

물이 이상해졌어요!

사람들은 가끔 우스갯소리로 화학 비료의 발명이 없었다면 지금 인구의 최소한 3분의 1은 지구상에 없을 거라고 해요. 그렇다면 20억 명 이상이 비료 덕을 봤다는 말인데, 곰곰이 생각해 보면 그 추론이 꼭 우스갯소리만은 아닌 것 같아요. 그만큼 필사적으로 식량을 늘리는 데 매달렸고 그 덕에 더 많은 2세와 3세를 낳을 수 있었겠지요.

우리나라는 6·25전쟁의 상처와 황폐함이 채 극복되기도 전인 1959년에 비료 공장을 지었어요. 우리나라 최초의 산업 시설이었지요. 그때는 우리가 1년에 받는 외국의 원조가 2억 5천만 달러 정도였는데, 그중 1억 달러 정도를 비료 수입에 써야만 했으니 비료가 얼마나 비쌌는지 짐작이 가지요?

국민 모두가 배고프던 시절이라 식량을 늘리는 것이 최우선 목표던 시절이었답니다. 그 뒤로도 계속 비료 공장을 지어 1977년에는 아시아 최대 규모의 비료 공장을 만들어 수출도 할 수 있게 되었어요. 그렇게 오랫동안 뿌려진 화학 비료와 낟알이 많이 달리도록 품종 개량된 벼 덕분에 지금의 우리 식탁에서 쌀이 남아도는 지경이 되었죠.

중국도 1970년대 중반부터 20년 동안 전국에 수백 개의 화학 비료 공장을 건설했어요. 당시 8억 명 정도의 인구를 먹여 살리기 위해 시작한 경제 계획이었지요. 실제로 1959년부터 1961년까지 중국은 대기근을 겪었어요.

그 기간에 굶어서 죽은 사람이 무려 3천만 명이 넘었다고 해요. 끼니를 거르지 않고 먹는 것이 가장 큰 소원이었으니 그 세월 동안 식량을 늘리는 것이 얼마나 절박했겠어요. 지금은 세계 최대의 비료 생산국이 되었지요. 14억 인구가 먹을 만큼의 식량은 충분히 나오는 것 같아요. 어느 해든 기후가 안 좋아 흉년이었다 해도 기근이 들었다는 소리는 안 들리니 말이죠. 참 좋은 소식이지요?

그런데 이상한 일이 벌어지기 시작했어요. 비료를 땅에다 주었으니 땅이 먼저 변했을 터인데, 그것을 미처 알아보지 못한 사람들은 세월이 지나 물이 변한 것을 보고서야 뭔가 일이 크게 잘못되어 간다는 사실을 깨닫기 시작했답니다.

독일이 서독과 동독으로 나뉘어 있던 1957년 서독에서 745명이나 되는 아이들이 몸이 파랗게 변하는 증상을 보였어요. 그중 65명 정도는 죽음을 맞았지요. 또 1953년부터 1960년까지 체코에서도 같은 증상의 아기들이 수백 명 발견되었고 그중 일부도 역시 사망했어요.

블루베이비병이라고 불리는 그 병은 모두 지하수를 먹는 농촌에서 발견되었어요. 조사 결과 그 지역 지하수에 많은 양의 질산(화학 비료의 주원료)이 함유되어 있었지요. 모두 화학 비료를 많이 사용한 농촌이었어요. 연구자들은 토양에 뿌린 비료가 지하수를 오염시켰다고 결론 내렸어요.

숨 쉴 때마다 우리 몸에 들어온 산소는 혈액에 섞여 신체 모든 부분으로 전달되지요. 화학 비료의 주성분인 질산은 핏속에 있는 헤모글로빈과 결합한 후 산소의 운반을 방해하기 때문에 온몸이 멍든 것처럼 푸르게 변했다고 해요. 우리나라에서도 지하수로 분유를 타서 아기에게 먹였던 마을에서 발병했는데 청색증이라고 불렀답니다.

세계 최대의 화학 비료 생산지인 중국은 어땠을까요. 최근 중국의 40개 호수를 조사한 결과, 절반 정도가 주변 농토에서 흘러든 과다한 영양분 때문에 플랑크톤이 너무 늘어나서 물고기조차 살기 힘든 상태가 되었어요. 플랑크톤이 지나치게 많으면 물속의 산소를 다 먹어 치워 물고기가 살 수 없게 되는 거지요. 그 호수의 물을 식수원으로 삼는 수많은 사람들에게도 큰 위기가 닥친 것입니다. 화학 비료를 사용해 농사를 짓던 바로 그 사람들에게 부메랑이 되어 돌아온 셈이에요.

미국의 미시시피강 하면 많은 사람들은 톰 소여와 허클베리 핀의 모험을 떠올리겠죠? 하지만 미국에서 가장 긴 그 강은 옛날처럼 낭만적인 기억만을 안겨 주지는 않아요. 미시시피강이 남쪽으로 흘러 바다로 나오면 그곳이 멕시코만입니다. 미국과 멕시코가 함께 감싸고 있는 바다지요. 그런데 그 멕시코만이 점점 병들어 가고 있어요. 그중 미시시피강의 끝과 맞닿은 수백 킬로미터 지역은 물고기가 한 마리도 살 수 없는 죽음의 바다가 되었고 그 면적은 점점 늘어 가고 있지요. 그 바람에 멕시코의 어부들마저 큰 피해를

보고 있어요. 어찌 된 일일까요?

강을 따라 양쪽으로 광대한 옥수수 농장들이 있어요. 가도 가도 그 끝을 알 수 없는 농장에 뿌린 화학 비료의 일부가 강으로 모여들고, 사방에서 모여든 비료 성분이 몇십 년 동안 강 하류와 멕시코만에 쌓여 왔던 거예요. 이렇게 쌓이는 영양분을 먹기 위해 아주 작은 미생물이 모여들어요. 그 미생물들의 색깔에 따라 물빛이 초록이나 붉은빛을 띠는데, 이를 녹조 현상 혹은 적조 현상이라고 부르기도 하지요.

그런데 그 조류들이 왕성하게 영양분을 먹어 치우는 동안 주변의 산소도 다 써 버리기 때문에, 물고기는 살기 위해 더 먼바다로 도망갈 수밖에 없어요. 비단 영양분만의 문제는 아니에요. 함께 섞여서 강과 바다로 밀려드는 농약 성분은 더 무서울 테지요.

아, 농약 얘기를 안 할 수가 없겠군요.

화학 비료의 놀라운 효과에 푹 빠진 사람들은 언젠가부터 깨닫기 시작했어요. 영양분을 너무 풍족하게 먹여서인지 작물이 키는 쑥쑥 크는데 뿌리를 깊게 안 내릴 뿐 아니라 병에도 쉽게 걸린다는 사실을 말이죠. 작물의 면역력이 눈에 띄게 약해졌어요. 뭔가 대책이 필요했지요. 그런데 사람들이 내린 결론은 농약이었어요. 화학 비료를 먹은 땅은 점점 산성화되어 작물이 잘 자라지 못하니까, 비료의 양도 점점 늘려야만 해요. 그럴수록 면역력도 약해지는 작물에 농약도 많이 칠 수밖에 없겠죠. 비료 회사와 농약 회사가 콧노래를 부르는 동안 땅과 지하수, 강과 바다까지 오염되고, 그 모든 곳으로부터 먹거리를 얻는 인간도 병들고 있었어요.

인간의 끝없는 이기심 때문에 거듭되는 생태계 전체의 악순환을 멈출 수 있을까요?

다시 구아노

화학 비료의 등장과 함께 역사의 뒤안길로 사라졌던 구아노가 절박해진 인간의 부름을 받고 다시 등장했습니다. 페루 정부는 자기 나라의 농민을 위해, 그리고 오랜 잠에서 깨어나 다시 유기농으로 돌아서기 시작한 유럽 농민을 위해 구아노를 채취하고 있어요. 대신 매년 캘 수 있는 구아노의 양을 제한하고, 새들에게 되도록 피해를 주지 않기 위해 1년 중 8개월 정도만 캡니다. 옛날엔 유럽의 강대국에게 휘둘려 헐값에 팔아넘겼지만 지금은 제법 비싸게 받고 있답니다. 그리고 그때에 비해 거의 10분의 1 정도로 줄어 버린 새의 수를 다시 늘리기 위해, 섬 주변에선 물고기를 마구 잡지 못하도록 철저히 단속하기도 하지요.

하루 세끼를 굶지 않고 먹었으면 좋겠다는 간절한 소망으로부터 기적처럼 태어난 구세주 화학 비료. 어느덧 100년이란 세월이 흘렀어요. 그동안 사람들은 잘 먹고 기름졌지요. 하지만 멈추지 않은 자신들의 욕망이 불러올 미래를 깨닫고 과거의 영웅을 향해 손을 내젓습니다.

　과연 인류는 새로운 길을 찾을 수 있을까요?

슬픈 노벨상에서 기쁜 노벨상으로

흙을 살리자!

건강한 흙에는 1그램에 2억 마리 정도의 미생물이 살고 있어요. 이 미생물들이 거름을 분해해서 작물의 뿌리에 영양소를 공급하지요. 농약을 치면 흙 속의 미생물도 줄어듭니다. 화학 비료의 영양소는 작물 뿌리에 직접 흡수되기 때문에 미생물의 먹이가 되지 못해요. 그래서 미생물은 더욱 줄어들게 됩니다.

농약과 화학 비료를 쓰지 않고 농사를 지은 밭은 미생물과 벌레가 점점 늘어나 해가 갈수록 짙은 갈색으로 변합니다. 그리고 흙이 작은 구슬처럼 동글동글 뭉치지요. 그 모양을 떼알 구조라고 해요. 아주 건강한 흙의 모습입니다.

이렇게 흙을 살리는 것이 우리 환경을 살리는 데 어떤 도움이 될까요?

제 6 장

찰나조차 삼키는 지옥의 불

핵 발전

'날씨는 맑고 역사적 폭격 작전에 지장 없다. 시계 10마일, 고도 15,000피트. 구름양은 12분의 1.'

기장 폴 티베츠 대령은 시간을 확인합니다. 아침 7시 30분, 히로시마를 향해 항로를 유지합니다.

히로시마 상공에 도착하기 삼십여 분 전, 무기 부담당인 모리스 젭슨 소위가 '리틀 보이(Little Boy)'의 안전장치를 해제했습니다. 보고를 받은 티베츠 대령은 긴장된 목소리로 기내 방송을 시작합니다.

"삼십 분 후면 히로시마 상공에 도착한다. 지금 우리는 인류 역사상 처음으로 원자 폭탄을 수송하고 있다. 부디 이 작전의 성공으로 전쟁이 일찍 끝나기를 소망한다."

그때까지 기내에서 대기하고 있던 열 명의 군인들에게도 비밀이었던 내용이에요. 하지만 누구도 놀라지 않았습니다. 애초에 전쟁을 단번에 끝낼 수도 있는 작전이라는 말을 들었을 때 어렴풋이 짐작했기 때문이지요.

처음이자 마지막 폭탄

미육군 항공대 폭격기 에놀라 게이호에는 63.5kg의 우라늄을 품은 인류 최초의 실전 원자 폭탄 '리틀 보이'가 실려 있었어요. 인류 최초의 핵폭탄이었지요.

우리말로 '꼬마'인 그것은 길이 3m, 무게 4톤짜리 폭탄 1개에 불과했지만 그 위력은 엄청났어요. 일반 폭탄 15,000톤의 위력을 가졌다고 해요. 상상이 잘 안 될 거예요. 사실 그때까지만 해도 어느 누구도 그 파괴력을 알 수 없었으니까요. 그저 이론상의 수치로 짐작할 뿐이었어요. 심지어 원자 폭탄을 만들었던 과학자들도 그저 지옥을 상상했을 뿐이랍니다.

인간 세상에 지옥을 소환할지도 모를 폭탄의 이름을 '꼬마'라 지은 것은 정말 모순적이지 않나요? 게다가 그것을 운반하는 폭격기의 이름은 조종사이자 작전 지휘관인 티베츠 대령의 어머니 이름이었대요.

히로시마에 공습경보가 울립니다. 무시무시한 미군 폭격기 B-29가 파란 하늘 높이 모습을 드러냈기 때문이지요. 시민들은 그저 피할 수밖에 없어요. 너무 높이 날고 있어서 일본군 전투기로는 쫓아갈 수도 없어요. 하지만 폭탄을 떨어뜨리지 않고 그냥 지나가 버리자 공습경보는 바로 해제됩니다. 정찰만 하고 간다고 생각한 것이지요. 거기까지는 맞았습니다. 그리고 얼마쯤 시간이 더 흘렀을까요. 창공 위 같은 자리에 세 대의 B-29가 다시 나타납니다. 그중에 '에놀라 게이'가 있었습니다.

아침 8시 13분. 히로시마에 다시 경계경보가 울립니다. 길을 가던 사람들은 근처에 있는 건물을 향해 뛰기 시작합니다. 폭탄이 떨어져도 건물 안에 있으면 비교적 안전했으니까요. 어떤 사람은 이번에도 정찰기겠거니 하고 그 자리에 서서 하늘을 쳐다봅니다. 달리던 전차가 멈춰 서고, 그 안의 사람들은 모두 몸을 웅크리거나 바닥에 엎드렸지요.

아침 8시 15분. 폭탄 투하의 걸림돌은 아무것도 없습니다. 심지어 일본의 어떤 감시 레이더망도 감지가 안 됩니다. 고도 9,500m 상공에서 티베츠 대령은 마지막으로 한 번 더 히로시마의 시가지를 내려다봅니다.

"폭탄 투하!"

폭격을 맡은 토머스 피어비 소령의 외침과 동시에 '리틀 보이'가 허공으로 떨어집니다. 꼬리의 날개가 공기를 머금은 탓에 빙글빙글 돌면서 떨어진 지

43초. 지상 580m 지점에서 '꼬마'가 폭발하며 드디어 자신의 정체를 드러냅니다.

눈 깜짝할 사이였습니다. 지름 1km 이상의 섬광이 펼쳐졌다 사라졌지요. 그러곤 파괴한 모든 가루를 빨아들이는 듯 버섯 모양의 회색 구름이 지상 16km까지 치솟았습니다. 그 아래 남은 건, 아무것도 없었어요.

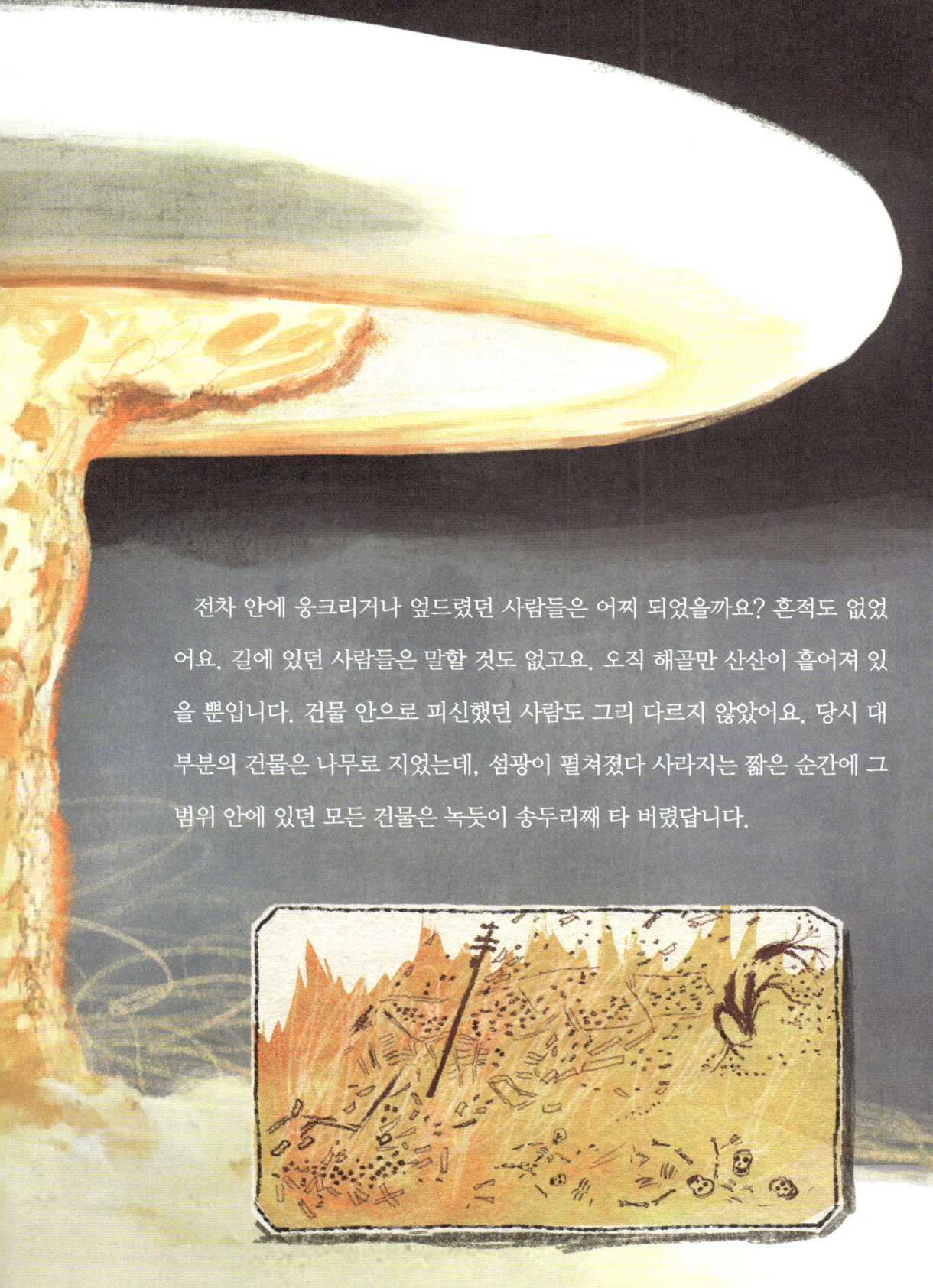

전차 안에 웅크리거나 엎드렸던 사람들은 어찌 되었을까요? 흔적도 없었어요. 길에 있던 사람들은 말할 것도 없고요. 오직 해골만 산산이 흩어져 있을 뿐입니다. 건물 안으로 피신했던 사람도 그리 다르지 않았어요. 당시 대부분의 건물은 나무로 지었는데, 섬광이 펼쳐졌다 사라지는 짧은 순간에 그 범위 안에 있던 모든 건물은 녹듯이 송두리째 타 버렸답니다.

게다가 폭발과 동시에 발생한 폭풍은 5km 안에 있는 콘크리트 건물마저 날려 버렸지요. 하늘 높이 빨려 올라갔던 버섯구름은 비가 되어 다시 히로시마로 떨어졌습니다. 바로 방사능비였어요.

당시 히로시마 인구 25만 명 중 7만 명 정도가 그 반짝하는 사이에 사망했어요. 그리고 또 다른 7만 명 정도의 사람이 해가 바뀌기 전에 방사능 피폭, 화상, 질병 등으로 죽어 갔지요. 하지만 일본은 항복하지 않았어요.

사흘 뒤인 8월 9일 새벽. 티니언섬에서 다시 여섯 대의 B-29 전투 폭격기들이 발진합니다. 그중 한 대에는 또 다른 원자 폭탄인 '팻 맨(Fat Man)'이 타고 있었어요. 지름이 1.5m나 되는 배불뚝이입니다.

'팻 맨'의 배 속에 이번엔 플루토늄이 들어 있습니다. 그 양은 6.2kg밖에 안 되지만 폭탄 2만 톤 이상의 폭발력을 갖고 있어요. 항복하지 않고 결사 항전을 외치는 전범국 일본을 대상으로 미국은 새로운 핵폭탄을 실험하려는 것입니다.

아침 11시 1분에 투하된 '팻 맨'이 나가사키 상공 440m 지점에서 폭발합니다. 섬광, 수천 도의 열, 핵폭풍, 버섯구름……, 그리고 방사능비. 눈 깜짝할 사이에 히로시마에서와 똑같은 지옥의 문이 나가사키에 열렸어요. 7만 명 정도가 순간 사라졌고, 12월까지 고통 속에 죽어 간 사람들의 수 또한 이루 헤아릴 수 없을 만큼 많았습니다.

두 번에 걸친 원자 폭탄 투하로 일본은 결국 항복할 수밖에 없었어요. 제

✹ 팻 맨과 나가사키 원폭 투하 버섯구름

순식간에 지옥의 문을 연 핵폭탄

✹ 폐허가 된 히로시마

✹ 리틀 보이와 에놀라 게이호

2차 세계대전도 막을 내렸지요. 우리나라도 일본으로부터 해방될 수 있었고요. 더는 자국의 젊은이들을 잃지 않고 전쟁을 끝낸 미국은 유일한 승전국이 되어 일본을 점령할 수 있었어요.

'리틀 보이'와 '팻 맨'은 실전에서 사용한 처음이자 마지막 핵폭탄이었습니다. 그 후 미국 외에도 많은 나라들이 핵무기를 개발하고 보유했지만 단 한 발도 전쟁에서 사용하지 않았습니다. 왜일까요? 곰곰이 생각해 보면 답을 찾을 수 있을 거예요.

원자핵을 쪼개다

두 번에 걸친 원자 폭탄 투하의 결과는 전 세계를 놀라게 했어요. 그때까지 인류가 상상조차 할 수 없었던 장면을 목격했으니까요. 심지어 원자 폭탄을 만들어 낸 미국의 과학자들조차 공포에 떨게 했을 정도였어요. 그리고 그 소식은 영국의 어느 외진 농가에도 전해졌습니다.

1945년 5월에 독일이 항복을 선언했습니다. 그런데 항복하기 한 달 전 미군은 비밀리에 특공대를 파견하여 독일 과학자 열 명을 납치한 후 영국 케임브리지 근처 팜홀이라는 시골의 한 농가에 6개월 동안 가두었어요. 그 과학자들은 히틀러의 명령으로 미국보다 먼저 원자 폭탄 연구를 하던 '우라늄 클럽'에 소속된 핵물리학자들이었죠.

그 과학자들 중에 오토 한(Otto Hahn, 1879~1968)이라는 화학자가 있었어요. 핵물리학자도 아닌데 어떻게 그 클럽에 있었을까요? 그 이유는 그가 원자 폭탄, 즉 핵폭탄의 기본적인 원리를 발견한 사람이기 때문이에요. 요약하자면 이래요.

1932년에 제임스 채드윅(James Chadwick, 1891~1974)이라는 영국 물리학자가 중성자의 존재를 밝혀냈습니다. 원자를 이루고 있는 양성자와 전자 외 제3의 존재를 밝혀낸 것이지요. 3년 후 노벨 물리학상을 안겨 준 이 발견은 물리학자들에게 수많은 실험을 할 수 있게 해 주었어요. 온갖 원소들에 중성자를 쏘아 대기 시작한 거죠.

오토 한은 당시의 많은 과학자들처럼 우라늄에 중성자를 충돌시켰을 때 파생되어 나오는 원소들을 찾아내는 연구를 하고 있었어요. 오랫동안 리제 마이트너(Lise Meitner, 1878~1968)라는 오스트리아의 여성 물리학자와 함께 연구했는데, 그녀가 히틀러의 유대인 박해를 피해 스웨덴으로 도피한 후로는 젊은 분석화학자인 프리츠 슈트라스만(Fritz Strassmann, 1902~1980)과 함께 연구에 매진했습니다. 그러던 1938년, 우라늄에 중성자를 충돌시키면 단순히 부산물이 생성되는 것이 아니라 원자핵이 쪼개지면서 바륨이 생성되고, 여기서 두세 개의 중성자가 나와서 연쇄 반응을 일으킨다는 사실을

※ 오토 한과 리제 마이트너, 오토 한의 노트

※ 핵분열 실험 장치

※ 중성자를 발견한 채드윅

미래 에너지 산업의
혁명적 가능성, 핵분열

발견했습니다. 바로 핵분열이었지요. 그리고 후에 그 분열 과정에서 엄청난 에너지가 생긴다는 사실도 발견했어요. 그 발견으로 오토 한은 1944년 노벨 화학상을 받게 됩니다.

그런데 그 사실을 발견한 두 사람, 그리고 편지를 주고받으며 연구 과정을 함께했던 리제 마이트너도 그 발견이 불과 몇 년 안에 어떤 결과를 가져올지에 대해서는 전혀 몰랐던 것 같아요. 단지 미래 에너지 산업의 혁명적인 가능성을 본 정도라고 할까요?

2차 세계대전을 일으키기도 전에 히틀러는 핵폭탄을 개발하기 위한 '우라늄 클럽'을 만들고 그 안에 독일 최고의 핵물리학자들과 오토 한까지도 집어넣었어요. 하지만 모든 물자가 전쟁을 치르는 데 동원되었기 때문에 연구는 제대로 된 실험을 할 수 있을 만큼 진행이 되지 못했고, 전쟁도 지고 말았죠. 또한 영국 농가에서 나눴던 대화록을 보면 오토 한과 다른 물리학자들이 실제로 핵폭탄을 만들기 위해 필사적인 노력을 기울인 것 같진 않아요.

농가에 갇혀 있던 오토 한은 두 가지 소식을 들었어요. 첫째는 자신이 원자핵 분열을 발견한 공로로 노벨 화학상 수상자로 선정됐다는 사실이었고, 둘째는 후발 주자인 미국이 수십억 달러를 들인 '맨해튼 프로젝트'를 통해 먼저 개발과 실험에 성공한 핵폭탄을 실전에서 사용했다는 소식이었어요. 그리고 그 결과가 얼마나 엄청나고 참혹했는지를 알고는 몸서리를 쳤다고 해요.

전쟁이 끝난 뒤 그는 카이저빌헬름협회의 회장이 되어 다시 독일 과학계를 이끄는 한편, 죽는 날까지 핵무기의 후속 개발과 핵 실험에 반대하는 운동을 했어요. 과학자로서의 명예인 자신의 발견이 악용될 때 인류에게 닥칠 끔찍한 재앙을 막기 위해 스스로 뛰어든 셈이었죠.

5천만 명 정도의 희생자를 냈던, 인류 역사상 가장 참혹했던 전쟁이 끝난 후 세계는 이제 핵분열과 그 연쇄 반응이라는 과학적 결과물을 어떻게 하면 평화로운 목적으로 쓸 수 있는지에 대해 깊은 연구를 시작했습니다.

새로운 스타, 핵 발전!

미국 북부에 있는 아이다호주에 국립원자력시험장이 있었습니다. 이곳에 EBR-1이라는 실험용 원자로가 있었어요. 비록 규모는 작지만 연료가 우라늄, 혹은 그로부터 생성된 플루토늄이라는 점을 빼면 원리는 수력이나 화력 발전과 다를 바가 없었죠.

1951년 12월 20일, 원자로 내부에서 생성된 증기가 터빈을 돌리자 터빈은 발전기를 돌려서 전기를 만들어 냈습니다. 이렇게 발생된 전기가 연결된 4개의 전구를 밝혔지요. 그리고 다음 날엔 건물 전체에 전기를 공급했어요. 원자로 내부의 연쇄적인 핵분열을 이용해 인류 최초로 전기를 생산한 것입니다.

새로운 에너지의 시대가 열렸습니다. 그리고 최강대국인 미국, 영국, 러시아(당시 소련)를 중심으로 핵폭탄과 핵 발전소(원자력 발전소) 개발을 두고 경쟁이 불붙기 시작했어요. 그런데 그것 아세요? 핵 발전을 하면 사용한 핵연료를 재처리해서 나온 플루토늄으로 끊임없이 핵폭탄을 만들 수 있답니다. 경쟁하듯 핵 발전소를 세우기 시작한 이유가 짐작이 되나요?

세계 최초의 핵 발전소는 미국보다 먼저 1954년 러시아에서 건설했어요. 생산할 수 있는 전기가 고작 6메가와트(MW) 정도라 첫 전기를 만들고 난 뒤에는 주로 연구용으로만 사용했다고 해요. 그리고 2002년에 가동을 중단하고 지금은 박물관으로 사용하고 있어요.

1956년 영국은 콜더 홀 핵 발전소를 세웠는데, 이것이 세계 최초의 상업적 핵 발전소입니다. 상업적이라 함은 대량으로 전기를 생산해서 기업이나 국가, 혹은 개인에게 전기를 파는 행위를 말해요. 영국 여왕이 직접 나서서 새로운 세계를 열었노라고 선포했죠. 사실 초기엔 핵무기용 플루토늄을 생산하는 것이 이 발전소의 숨은 목적이었어요. 하지만 1964년부터는 전기만 생산하는 것으로 바뀌었답니다.

미국은 전쟁이 끝난 후 '원자력위원회'를 설립하여 원자력을 평화적으로 이용하기 위한 연구를 진행했어요. 전기는 최초로 생산했지만 핵 발전소는 세 나라 중 제일 늦은 1957년에야 세웠지요. 오하이오강 옆에 세운 쉬핑포

트 핵 발전소는 1982년에 운전이 완전 정지되었답니다.

우리나라도 1978년 고리 원자력 발전소 1호기 가동을 시작으로 핵 발전소 건설에 본격적으로 뛰어들었어요. 석유를 전량 수입에 의존해야만 하는 현실에서 핵 발전을 가장 중요한 전력 생산의 방법으로 선택했지요. 현재 우리나라에는 총 24기의 원자로가 가동 중이며, 건설 중이거나 계획 중인 것을 포함하면 앞으로 6기의 핵 발전소가 더 건설될 거예요. 핵 발전소의 전력 생산량은 우리나라 전체 전력 생산량의 31%나 됩니다.

우리나라 최초의 원자로인 고리 원자력 발전소 1호기는 40년 만인 2017년 6월 가동이 중단되어 폐로 절차에 들어갔어요. 최소 15년에서 최대 30년가량의 시간과 6천억 원에서 1조 원 정도의 비용이 들 것으로 예측된답니다.

전력 생산 비용이 적게 들고 이산화탄소나 아황산가스 등의 오염 물질을 배출하지 않는 이점 때문에 전 세계가 경쟁적으로 뛰어든 결과, 현재 세계 30개국에서 450개의 핵 발전소가 돌아가고 있어요. 건설 중이거나 계획 중인 것을 합하면 앞으로 230기가량의 새로운 핵 발전소가 더 생길 거예요.

그런데 세계가 핵 발전의 매력에 푹 빠져 있던 1986년 어느 날, 우크라이나에 있는 한 발전소에서 세상을 뒤흔들어 놓을 사고가 터졌어요. 이전에도 크고 작은 핵 발전소 사고가 곳곳에서 발생했지만 치명적인 피해는 없었기에 큰 문제가 되지는 않았어요. 하지만 이날의 사고는 핵 발전에 대한 환상이 뿌리째 흔들릴 만큼의 재앙을 불러왔답니다.

돌아갈 수 없는 고향 프리피야트

우크라이나 수도 키이우로부터 북쪽으로 110km 정도 올라가면 벨라루스와의 국경 가까운 곳에 프리피야트라는 이름의 작은 도시가 있어요. 이곳에서 체르노빌 방향으로 3km 바깥쪽에 '블라디미르 리치 레닌 핵 발전소'가 있었습니다. 수천 명의 프리피야트 사람들이 매일 그 발전소로 출근하고 있었죠.

1986년 4월 26일 토요일 새벽 1시 24분. 4호기로부터 두 번의 큰 폭발음이 들렸어요. 1,200톤이나 되는 콘크리트 원자로 뚜껑이 송두리째 날아가 버렸지요. 그와 동시에 녹아 버린 우라늄과 흑연 등 방사성 물질로 가득한 불기둥이 하늘 위 1km까지 치솟았어요. 새벽에 그 모습을 보았던 목격자들에 따르면 밝은 무지갯빛 불기둥이 눈부시게 아름다웠대요.

사람들은 그 아름다움이 원전(원자력 발전소) 사고 사상 최초이자 최악인 7등급의 재앙을 알리는 신호탄임을 알지 못했어요. 출동한 소방대가 오전 5시쯤 폭발한 지점 주위의 화재를 거의 진압했을 때만 해도 원자로가 폭발한 줄은 그 누구도 몰랐습니다. 아무도 얘기해 주지 않았거든요.

날이 밝자 프리피야트의 시민은 평소와 같이 봄날의 일상을 즐겼어요. 예쁜 봄옷 차림에 아기를 데리고 산책을 나왔고, 회관에선 결혼식을 올렸습니다. 도로마다 마스크를 쓴 군인들이 있었지만 크게 신경 쓰지 않았죠. 그 시절엔 종종 그랬으니까요.

이튿날 오전 11시. 즉시 프리피야트를 떠나라는 명령이 떨어집니다. 무려 1,200대의 버스가 도시 곳곳에 배치됐어요. 군인이 도시 전체를 들쑤셨지요. 사람들이 옷가지를 챙길 시간조차 주지 않았어요. 간신히 아이들과 노인들 손을 잡고 쫓기듯이 버스에 올라타야만 했어요. 단 세 시간 만에 4만 9천 명의 프리피야트 시민이 키이우로 가는 버스에 몸을 실어야만 했습니다.

하늘로 솟았던 방사능 물질이 체르노빌과 프리피야트 지역뿐만 아니라 국경 너머 벨라루스와 러시아의 숲과 마을에 방사능비가 되어 내렸어요. 폭발한 원자로를 중심으로 주변 30km 안에 있는 187개 마을 11만 6천여 명이 고향을 떠나야 했답니다.

피해를 막기 위한 오랜 사투 끝에 사고가 난 지 7개월 후, 철강 7천 톤과 41만m³의 시멘트를 쏟아부어 원자로와 발전소 전체를 봉인했습니다. '석관'이라 이름 붙은 봉인이었지요. 그 전부터 사고 현장과 주변 댐이며 호수의 오염 물질을 제거하는 데 무려 23만 명이 동원되었어요. 그중 2만 5천 명 정도가 수년 내에 사망했지만 원인이 방사능 피폭 때문이라는 것은 입증되지 않았어요.

폭발 후 발생한 폐기물은 사고 지점으로부터 30km 이내의 출입 금지 구역 중 800개 지점에 나뉘어 매립되었어요.

사상 최대이자 최악의 재앙
원자로 폭발로 유령 도시가 된
체르노빌 프리피야트

사고 당시 화재 진압과 오염 제거에 사용된 30대의 헬리콥터와 트럭을 포함한 모든 장비는 밖으로 가져나오지 않고 있던 그 자리에 폐기 처분했는데, 지금도 녹이 슨 채 그대로 방치되어 있습니다. 유령 도시 프리피야트와 함께 말이죠.

체르노빌 원자로 폭발은 원자로의 자체 연료 공급 시스템을 시험하는 과정에서 실수로 안전장치를 해제하는 바람에 일어났어요. 전원이 차단된 원자로의 내부 온도가 순식간에 5천 도 가까이 올라가자 녹아 버린 핵연료가 증발한 냉각수의 수증기 속 수소와 만나 대폭발을 일으켰지요.

이 사고를 계기로 유럽에서는 대대적인 반핵 운동이 일어났고, 실제로 러시아나 미국 모두 오랫동안 모든 핵 발전소의 건설을 미루었어요. 그만큼 무서운 재앙을 목격했기 때문이었죠. 하지만 우리나라와 중국, 일본을 포함한 많은 나라에서는 이에 개의치 않고 계속해서 핵 발전소를 지었답니다. 설계와 운영에 실수가 없다면 여전히 저렴하고 친환경적인 에너지라는 확신을 버리지 못한 거예요.

하지만 그 확신을 조롱하듯 체르노빌 원전 사고가 일어난 지 25년 만에 같은 7등급의, 어쩌면 그보다 더 치명적인 원전 사고가 일어났습니다. 그것도 바로 우리의 옆 나라 일본에서 말이죠.

쓰나미가 남긴 재앙, 후쿠시마

2011년 3월 11일, 일본 동북 지방 태평양 해저 24km에서 규모 9.0의 대지진이 발생했습니다. 그 지진으로 치솟은 바닷물이 일본 해안을 향해 밀려들었어요. 최고 39m, 평균 15m의 파도를 앞세운 바닷물이 시속 100km가 넘는 속도로 내륙 깊숙이 밀고 들어왔어요. 거대한 쓰나미였습니다. 항구에 정박해 있던 배들과 부서진 집들이 수십 킬로미터 떨어진 산 밑까지 떠밀려 왔어요. 그 장면을 TV로 지켜본 전 세계 사람들은 상상을 초월하는 자연의 힘에 경악했죠. 마침내 바닷물이 빠졌을 때 1만 6천 명이 죽고, 2,600명가량이 실종되었어요. 그런데 그것은 재앙의 시작에 불과했어요.

그 쓰나미에 후쿠시마 해안에 있던 핵 발전소가 충격을 받고 물속에 잠겨 버렸어요. 진도 7.9의 지진과 5.7m 높이의 쓰나미에도 견딜 수 있게 설계된, 그래서 세계에서 가장 안전하다고 일본이 자부한 원전이었어요. 하지만 진도 9.0의 지진과 15m 높이로 밀려오는 바닷물 앞에서는 바람 앞의 등불일 뿐이었어요.

그 충격을 이기지 못해 후쿠시마 제1원전 원자로 내부에 정전이 발생하고 말았어요. 이게 무슨 의미인지 알겠죠? 맞아요. 체르노빌 원자로에서와 똑같은 일이 벌어지고 만 거예요. 운영을 한 사람의 잘못이 아닌, 자연의 거대한 힘에 의해서 말이죠.

냉각수가 기능을 못 하자 원자로 내 핵연료봉이 녹고 수소 폭발이 일어나 발전소 지붕을 날려 버렸어요. 그리고 연이어 3호기와 4호기도 폭발하면서 일본은 전국에 비상사태를 선포할 수밖에 없었답니다. 그리고 역시 주변 30km 내에 사는 모든 사람들을 대피시켜야만 했어요. 땅과 바다 모두 방사능에 오염이 되어 지금까지도 제거를 다 하지 못한 상황이고요. 녹아 버린 핵연료를 식히기 위해 바닷물을 계속 부었지만 모두 방사능 오염수가 되어 발전소 지하에 쌓였어요. 앞으로 기적 같은 조치가 없다면, 원자로의 바닥을 녹이면서 조만간 지하수를 통해 오염수와 핵연료가 일본 전역으로 퍼질 가능성이 크답니다. 게다가 일본 정부는 2023년 8월부터 보관하던 방사능 오염수를 바다에 방류하기 시작했어요. 방류된 오염수가 태평양을 돌아 한반도 해안에 도달하면 어떤 결과를 초래할지 수많은 사람들이 불안해하고 있지요.

지금도 15만 명 이상의 사람들이 후쿠시마 주변 자신이 살던 곳으로 돌아가지 못하고 있어요. 정부에선 괜찮다고 하지만 그 말을 믿을 수 없기 때문입니다. 게다가 2016년 1월에 사고 당시 후쿠시마에 살던 어린이 중 116명이 갑상선암 확진 판정을 받았어요. 이것은 평균보다 무려 100배나 높은 수치임에도 불구하고 일본 정부는 원전 사고로 발생한 방사능 피해로 인정하지 않는답니다.

사고 이후 언제 그랬냐는 듯 일본은 평온해 보여요. 2020년 도쿄올림픽도 치렀고, 보란 듯이 성화 봉송 출발지를 후쿠시마로 정하고 후쿠시마의 야구장에서 경기를 치렀어요. 그리고 후쿠시마에서 나오는 농산물은 아무 제한 없이 일본 전역에서 판매되고 있고요.

하지만 많은 전문가들은 진정으로 걱정합니다. 폭발한 후쿠시마의 원자로를 체르노빌의 경우처럼 석관으로 봉인도 할 수 없는 일본은 시한폭탄을 안고 있다고 말이죠.

한 번 스타는 영원한 스타?

대재앙을 감수하고서라도 핵 발전은 계속할 가치가 있을까요?

후쿠시마 원전 사고는 또 한 번 인류에게 핵 발전에 대해 근본적인 질문을 던졌습니다. 많은 나라에서 원전으로부터 벗어나자는 운동이 들불처럼 일어났어요. 사고 당사자인 일본은 말할 것도 없고 우리나라도 핵 발전소를 반대하는 운동이 그 어느 때보다 뜨겁지요.

국가적으로 가장 빠른 결정을 내린 것은 독일이었어요. 후쿠시마 원전 사고가 난 두 달 뒤, 독일은 핵 발전과 이별할 것을 선포했습니다. 그리고 2023년 4월 15일, 모든 원자로 가동을 중단했어요. 지은 지 오래된 핵 발전소의 수명 연장도 모두 철회했지요. 대신 풍력, 태양광뿐만 아니라 가능한 모든 대체 에너지 개발에 힘쓰기로 결정했답니다.

하지만 전혀 흔들리지 않는 나라도 있어요 중국은 지금도 여전히 20기가 넘는 핵 발전소를 건설 중에 있고 앞으로도 계속 늘려 갈 계획을 세우고 있어요. 무엇보다 걱정인 것은 발전소 대부분을 중국 동해안을 따라 건설해 그중 하나라도 사고가 난다면 편서풍을 타고 방사능이 우리나라 쪽으로 올 수밖에 없다는 현실이에요.

세계 여러 나라가 여전히 핵 발전에 목을 매는 데는 이유가 있습니다. 핵 발전은 온실가스와 같은 오염 물질을 배출하지 않으며 수력, 화력, 태양광 발전 등에 비해 생산 비용이 저렴해서 경제성이 좋다는 것입니다. 과연 그럴까요?

확실히 핵 발전은 전력을 생산하는 과정에서 오염 물질을 배출하지 않아요. 아니, 그래 보이는 것입니다. 일단 사고가 나면 수천, 수만 배의 오염 물질이 땅과 바다, 그리고 하늘로 퍼지지요. 사고가 나지 않더라도 사용하고 난 핵연료, 즉 핵폐기물은 오랫동안 인류가 감당할 수 없는 극한의 오염 물질이에요.

핵 발전의 전력 생산 비용은 다른 방식의 발전에 비해 저렴한 것은 맞나 봅니다. 많은 전문가들이 그 점에 대해서는 동의하니까요. 하지만 단순히 전력을 생산하는 단계를 넘어서면 계산은 전혀 달라집니다.

체르노빌 원자로를 봉인했던 석관의 수명은 30년이었어요. 안에 가둬 둔

핵연료를 더는 감당할 수 없었지요. 갈라진 석관 틈 사이로 빗물이 스며들어 방사능에 오염된 채 계속 땅속으로 흘렀어요. 결국 30년 만인 2016년 높이 108m, 폭 275m, 길이 162m에 무게가 3만 6천 톤이나 되는 강철 덮개를 석관 위에 씌웠어요. 오로지 원자로 안에서 나오는 방사성 물질을 차단하기 위해서입니다. 비용은? 무려 1조 8천억 원이나 들었어요.

강철 덮개의 수명은 100년이에요. 그 이후엔 또 다른 방법과 비용이 발생하겠죠. 그런데 지금도 석관 안에는 100kg의 플루토늄이 남아 있어요. 이론상으로는 1억 명의 생명을 앗아 갈 수 있는 양이에요. 자연 상태에서 양이 반으로 줄어드는 시간을 반감기라고 하는데, 플루토늄의 반감기는 무려 24만 5천 년. 아, 어지러워서 더 계산을 할 수가 없네요.

영국 서부 해안에 핵연료 공장, 핵 발전소, 사용 후 핵연료 재처리 시설 등이 밀집한 셀라필드 원자력 단지가 있어요. 세계 최초의 상업용 원전인 콜더 홀 핵 발전소도 이곳에 있답니다. 오래된 만큼 크고 작은 사고도 있었고, 나중엔 핵폐기물을 마구 받은 탓에 이곳을 해체할 계획을 세웠어요. 그런데 2014년 영국 원전해체청이 예상한 원자력 단지 해체 비용이 무려 791억 파운드(116조 원가량)였다고 해요.

핵폐기물 처리 비용이나 우리나라 고리 원자력 발전소 1호기의 경우에서 보듯, 수십 년이 걸리는 원전 폐쇄 비용을 감안해 보면 결코 저렴하다고 할 수 없을 것 같네요.

독일의 오토 한과 프리츠 슈트라스만이 우라늄 원자핵이 쪼개지면서 에너지를 방출한다는 놀라운 사실을 발견한 지 70여 년이 지났어요. 비록 실전에서는 단 두 발밖에 사용이 안 됐지만, 한떄는 '리틀 보이'의 100배 이상의 위력을 가진 핵탄두가 7만 개 이상 지구상에 존재했던 적도 있어요. 왜 많은 나라들이 지구상의 모든 생명체를 몇 번이라도 멸종시킬 만큼 핵폭탄을 가져야만 했을까요? 쓰지도 못하면서 말이죠.

밤을 환히 밝히고, 더운 날 시원한 바람을 쐬기 위해 원자력 발전은 어쩔 수 없는 선택일까요? 인류가 체르노빌과 후쿠시마에서 얻은 교훈이 있습니다. 인간의 설계로는 완벽할 수 없다는 것. 그리고 재앙의 문은 언제라도 열릴 수 있다는 것.

오토 한에게 노벨상을 안겨 줬던 그 발견이 인류에게 새로우면서도 안전한 손길을 내밀 가능성은 없는 걸까요?

슬픈 노벨상에서
기쁜 노벨상으로

미래를 이어 갈 대체 에너지

요즘 시골이나 도시에서 태양광을 모으는 판을 많이 볼 수 있습니다. 태양광 집열판, 혹은 태양광 패널이라고 합니다. 그 수가 점점 늘어나고 있지요. 도시에서는 발코니에 패널을 장착한 아파트 단지가 하나 둘 생기고, 새로 짓는 아파트 중 일부는 아예 설계 단계에서부터 옥상에 대규모 집열판을 세우기도 합니다. 시골에서는 숲이나 논밭을 밀어 버리고 태양광 단지를 만들기도 합니다. 후쿠시마 핵 발전소 폭발 이후로 우리뿐 아니라 많은 나라들이 핵 발전소를 줄이고 대체 에너지를 생산하기 위해 노력하고 있습니다. 현재로선 1순위가 태양광이지요.

하지만 전력 생산량은 핵 발전소에 비할 바가 못 됩니다. 그럼에도 이런 노력을 멈추지 않는 이유에 대해 곰곰이 생각해 볼까요?

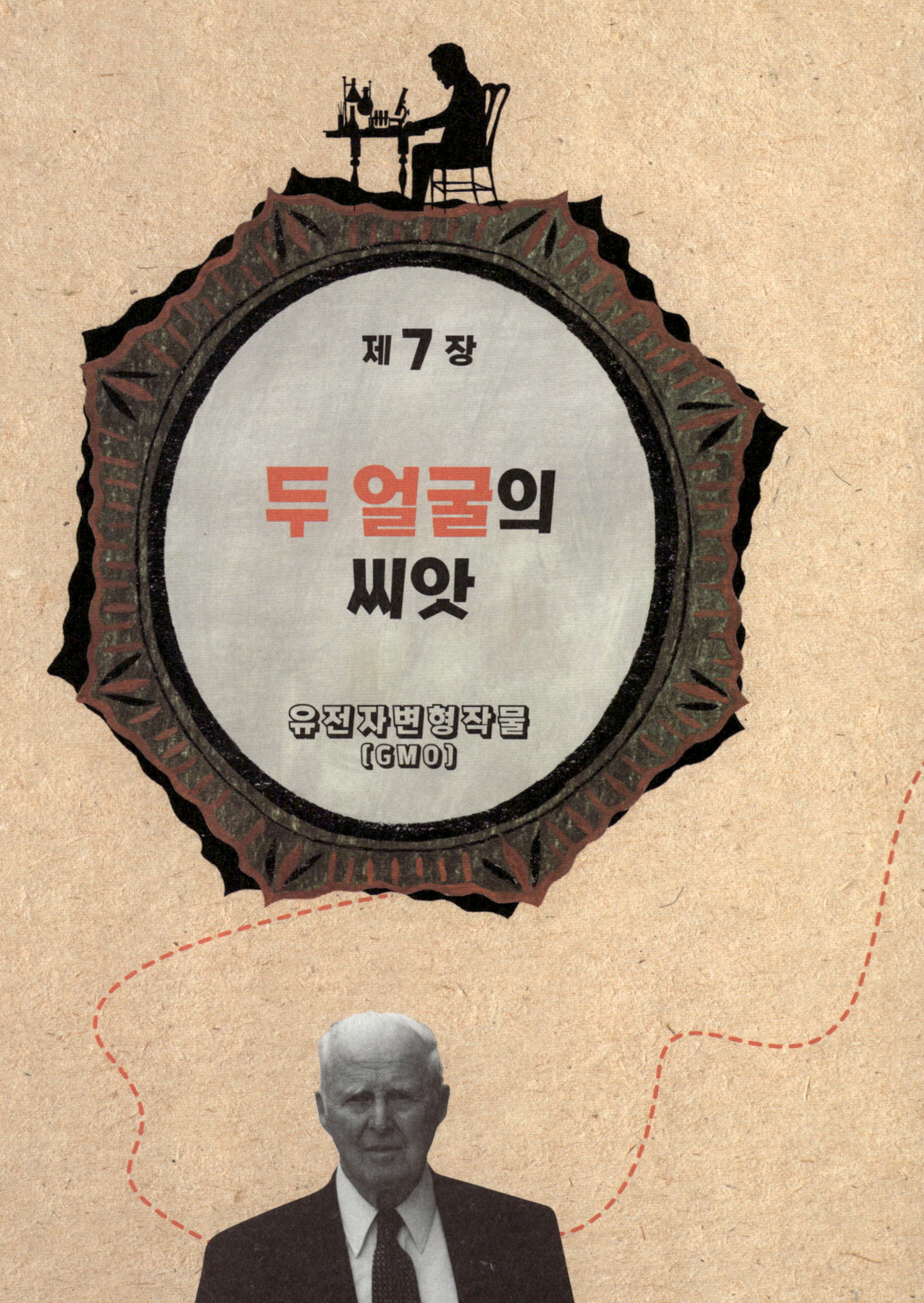

제 7 장

두 얼굴의 씨앗

유전자변형작물
(GMO)

　여기는 미국 노스다코타주의 대평원입니다. 노스다코타는 캔자스와 함께 미국 밀 생산량 1, 2위를 다투는 지역이에요. 7월 하순 오후의 땡볕이 광활한 들판 위에 사정없이 내리꽂힙니다.

　사방 어디를 둘러봐도 끝을 알 수 없습니다. 산은 고사하고 언덕배기 하나 없는 들의 끝에는 구름과 살을 맞대고 있는 지평선이 있을 뿐이에요. 갈색의 밀밭이 무한정 뻗어 있고, 이따금씩 콩밭과 옥수수밭이 천을 덧댄 듯 군데군데 진초록의 무늬를 수놓고 있기도 합니다.

　평원 곳곳에서 봄밀의 막바지 수확을 하고 있습니다. 마지막 추수를 하고 있는 평원의 밀밭 위로 네 대의 콤바인이 일정한 간격을 유지한 채 일직선으로 나란히 달리고 있어요. 콤바인은 다 자란 벼, 밀, 옥수수 등 곡물을 베고 털어 낸 후 알곡을 따로 저장하는 일을 동시에 할 수 있게 만든 농기계예요. 콤바인 한 대가 폭 12m의 밀밭을 먹어 치우면서 갑니다. 대지를 흔들 만큼 굉음을 내는 콤바인은 밀대와 검불을 쉼 없이 뒤로 뿜어냅니다. 실로 장관이네요.

콤바인의 저장고에 알곡이 다 찰 즈음 정확히 맞춰서 트랙터가 몇 배나 더 큰 저장고를 달고 와서 나란히 달립니다. 그러면 쌓인 알곡이 콤바인에서 트랙터의 짐칸으로 파이프를 타고 옮겨 가지요. 이렇게 거둔 밀이 여러 과정을 거쳐 우리가 먹는 빵과 과자, 혹은 국수나 파스타의 재료가 된답니다.

그런데 이렇게 웅장하게 이루어지는 추수 장면에서 한 가지 흥미로운 점이 있어요. 광활한 대지에서 거대한 기계를 동원해 거둬들이는 밀의 키가 고작 50cm 정도밖에 안 된다는 것, 그리고 그렇게 키 작은 밀이 세상에 나타난 것은 겨우 50여 년밖에 안 됐다는 것입니다.

인류가 메소포타미아에서 최초로 밀 농사를 짓기 시작한 것이 기원전 7000년경이었다고 해요. 기원전 2500년경에는 이집트에서 밀로 빵을 만들기 시작했다죠. 그렇게 수천 년 동안 재배했던 밀은 어른 키만큼 컸어요. 100년 전까지만 해도 키 작은 사람이 다 자란 밀밭 속에 깊숙이 들어가면 길을 잃을 수도 있었답니다.

그랬던 밀의 키가 3분의 1 정도로 줄어든 이유는 무엇일까요? 짧은 시간에 스스로 작아졌을까요? 에이, 그럴 리가요! 사실 비슷한 시기에 똑같은 이유로 벼의 길이도 반 이상 줄어들었는데 그 속사정을 한번 알아볼까 해요.

종자를 바꿔라

100년 전 밀 수확기에는 어떤 풍경이었을지 그려 볼까요?

일단 트랙터나 콤바인 같은 기계가 없던 시절이니 옛날 우리 농촌처럼 마을 사람들이 힘을 합쳐서 추수를 했을 거예요. 그렇게 농사일을 공동으로 하기 위해 마을 단위로 이루어진 조직을 우리 조상은 '두레'라고 했지요. 서양에서도 그렇게 이 집 저 집 차례로 돌아가며 들녘의 밀을 함께 수확했겠죠.

16세기 영국의 밀 수확 장면을 그린 풍경화를 보면 옛날의 우리 벼 추수하는 모습과 매우 흡사해요. 남자들은 할리우드 공포 영화에 종종 등장하는 큰 낫을 휘두르며 밀을 베지요. 아낙들은 집에서 먹을거리를 준비해 와서 나무 그늘 아래 펼쳐 놓습니다. 밀을 베어 낸 자리에는 우리의 볏단처럼 밀단을 거꾸로 모아 세워 놓고 햇볕에 말립니다. 잠시 일을 쉬고 먹으러 오는 남자의 발걸음이 꽤 지쳐 보이네요.

아, 그리고 기계가 없던 시절이니 요즘 같은 대농장은 꿈도 못 꿨겠죠? 아마 그때 미국 대평원의 대부분은 황무지였을 거예요. 작물 대신 방목하는 소나 양, 그리고 수많은 야생 동물이 있었겠지요.

그런데 지금으로부터 100여 년 전에 엄청난 일이 하나 발생했어요. 전쟁이나 지진 같은 건 아니고, 천지가 개벽할 정도의 발명이었어요. 여러분 중에 눈치 빠른 친구들은 벌써 '아, 그것!' 하고 손가락을 튕겼을 거예요. 맞아요. 공기로 빵을 만들 수 있게 한 그것, 바로 화학 비료의 등장이었지요.

그런데 예상 못 한 문제가 발생했어요. 알곡이 너무 많이 달리니 그 무게를 이기지 못하고 밀이 자꾸 쓰러졌어요. 태풍이 불거나 폭우가 쏟아질 때 작물이 쓰러지는 것은 자연의 이치였어요. 하지만 그런 자연재해가 아니어도 위쪽이 무거워진 밀이 쓰러지기 일쑤니 문제였지요. 과학뿐만 아니라 기술도 계속 발전해서 트랙터나 콤바인이 등장했습니다. 1940년대에는 씨를 뿌리고 수확을 하는 것까지 모두 기계로 할 수 있게 되었어요. 그러나 쓰러진 밀은 콤바인으로 작업을 하기에도 여간 불편한 것이 아니었어요.

그때부터 유럽과 북미의 많은 과학자들의 관심사는 어떻게 하면 밀의 키를 줄일 수 있느냐에 쏠리기 시작했어요. 정확히 말하면 '열매를 수북이 매달고도 쓰러지지 않는, 작지만 튼튼한 밀'을 만드는 것이었죠. 특히 농업학자와 생물학자, 그리고 새롭게 등장한 유전학자가 이 품종 개량에 매달렸어요. 밀이 주식이었던 만큼 필사적이었겠죠?

품종 개량은 종자를 바꾸는 일인 만큼 하루아침에 되는 일은 아니에요. 때로는 수십, 수백 년 이상 걸릴 수도 있어요. 최초로 품종 개량을 했던 사람들은 아마도 구석기 시대의 우리 조상이 분명할 거예요. 무슨 얘기냐고요?

1만 5천 년 전 마지막 빙하기를 살아남은 조상들은 그야말로 하루 종일 먹거리를 찾아다녔을 거예요. 그러던 중 들판에 자라고 있던 풀의 작은 씨앗들을 빻아서 먹었겠죠. 날로도 먹고, 물에 삶아서도 먹어 보니 고기만은 못해도 배고픔을 달랠 만은 했답니다. 어느 날 조상들은 그 풀의 씨앗을 거둬 와 마을 뒤편에 심기 시작합니다. 인류 최초로 밭을 만든 거지요. 그리고 가을에 걷은 씨앗을 빻은 후 쪄서 먹되, 제일 실한 씨앗들은 먹지 않고 보관했다가 이듬해에 다시 심기를 계속하지요.

얼마 지나지 않아 조상들은 마을의 식량이 된 그 풀에 '벼'라는 이름을 붙이고, 열매는 '쌀'이라 부르기 시작했어요. 그리고 씨앗이 가장 많이 달린 벼에서 가장 크고 반듯한 모양의 씨앗들을 보관했다가 다시 심기를 반복한 끝에, 1만 5천 년 뒤의 후손들은 무려 100배나 커진 오늘날의

쌀을 먹게 되었지요. 그러고 보니 이 품종 개량엔 정말 많은 시간이 필요했네요. 사실 콩과 팥도 같은 길을 걸어왔답니다.

이번엔 아주 빠른 품종 개량을 한번 해 볼까요? 2개월 정도면 되는데, 기쁜 소식은 여러분도 얼마든지 할 수 있다는 거예요.

풋고추는 너무 싱겁고 청양고추는 너무 맵다고요? 그럼 이렇게 해 보세요. 5월 초에 풋고추와 청양고추의 모종을 나란히 심어요. 모종은 좀 더 안전한 흙에 씨앗을 심어 싹을 틔운 뒤 어느 정도 자라면 밭에 옮겨 심는 식물들을 말해요. 그리고 6, 7월에 고추를 따서 먹어 보면 청양고추 중의 일부는 덜 맵고, 풋고추 중의 일부는 약간 매콤해요. 이유가 뭘까요?

고추의 열매가 맺히기 전에 가지마다 꽃이 먼저 피지요. 향기를 맡고 찾아온 벌과 나비가 모든 꽃들 사이를 옮겨 다니면서 꿀을 빨 때 꽃가루를 묻혀 이리저리 옮겨 주겠죠? 그런 과정에서 당연히 일부 청양고추와 풋고추의 꽃가루가 섞여요. 두 종 사이에 교배가 일어난 거예요. 그 고추 중 여러분 입맛에 딱 맞는 고추의 씨앗을 보관했다가 다음 해 봄에 심으면 여러분은 바로 품종 개량, 즉 종자를 바꾼 거예요. 와우!

10억의 사나이

혹시 고추에서 힌트를 얻었나요? 품종을 바꾸려면 길든 짧든 교배의 과정을 거쳐야 해요. 밀의 키를 줄이려던 과학자들이 가장 먼저, 그리고 가장 열심히 노력했던 일이 무엇이었을까요? 바로 전 세계를 뒤져서 키 작은 밀을 찾아내는 일이었어요. 그리고 그 행운은 미국 과학자 품에 안겼지요.

1945년 미국은 일본에 승전국 자격으로 들어갔어요. 군대뿐만 아니라 온갖 분야의 학자와 전문가가 함께 들어갔지요. 그 사회와 사람들, 그리고 동식물까지 속속들이 분석해서 안 좋은 것은 없애 버리고, 이득이 될 만한 것은 키워 주거나 빼앗아 오기 위해서예요.

당시 미국의 농업 고문이었던 생물학자 새먼(S. C. Salmon) 박사의 눈에 '농림10호'라는 이름의 밀 종자가 들어왔어요. 튼실한 열매가 많이 달리는 데다 키도 70~80cm 정도밖에 안 돼 강풍에도 쓰러지지 않는 밀이었지요. 이 밀의 발견은 20년 뒤 전 세계 밀의 판도를 바꿔 놓게 됩니다.

새먼 박사가 미국으로 들여온 농림10호는 그 후 여러 종의 미국 밀과 몇 년 동안 교배와 선택의 과정을 거쳤어요. 그 결과 서양의 일반 밀보다 훨씬 생산량이 많은 밀이 탄생했지요.

멕시코의 국제 옥수수 및 밀 육종센터(IMWIC)에 노먼 볼로그(Norman Borlaug, 1914~2009)라는 미국 과학자가 있었어요. 그 무렵 멕시코는 토양과 기후가 너무 다양한 데다 벌레 피해가 많아서 밀의 생산이 썩 좋지 않았어요. 그래서 국내 밀 소비량의 반 이상을 수입에 의존해야 했답니다.

노먼 볼로그 박사는 연구실과 재배지를 오가면서 멕시코 기후에도 맞고 병충해에도 강한 밀을 개발하기 위해 무수히 많은 교배와 재배를 했어요. 또한 자신이 갖고 있는 유전학적 지식을 이용해 질병을 이겨 내는 다양한 유전 형질을 한 품종에 몰아넣기 위해 연구를 거듭했지요. 그런 그의 손에도 농림10호가 들어왔어요. 박사는 오랜 연구와 시험 재배를 거듭한 끝에 1964년 작고 튼튼한 밀을 만들어 내는 데 성공했어요. 알곡이 빽빽이 달리면서도 질병에 강하고, 아무리 강한 바람이 몰아쳐도 수많은 알곡을 매달고도 쓰러지지 않을 만큼 작고 튼튼한 밀 말이에요. 그리고 그 품종에 '소노라64호(sonora64)'라는 이름을 붙였어요.

가장 먼저 혜택을 본 것은 당연히 멕시코였어요. 새로운 품종을 전 국토에 심은 멕시코는 세 배 이상 늘어난 생산량으로 밀을 자급자족할 수 있게 된 건 물론이고 몇 년 후에는 수출까지 할 수 있었지요.

노먼 볼로그 박사가 탄생시킨 이 밀은 멕시코에서의 성공 후 파키스탄과 인도로 전해졌어요. 둘 다 기아에 허덕이는 나라들이었죠. 비싼 종잣값에도 불구하고 워낙 많은 밀을 생산할 수 있으니 60년대 후반엔 밀을 자급할 수 있었어요. 영양실조에 걸리는 사람의 비율도 절반 이하로 줄었고, 무엇보다 배고픔으로 인한 5세 이하 유아 사망률이 급격히 줄었답니다.

인류를 구원한 품종 개량, 노벨 평화상으로 우뚝 서다!

※ 녹색 혁명의 아버지 노먼 볼로그 박사와 소노라64호

새로운 밀 품종을 개발해 수많은 사람을 기아로부터 구했다는 공로를 인정하여 노벨 위원회는 1970년 노먼 볼로그 박사에게 노벨상을 수여했습니다. 그것도 평화상으로 말이죠. 아마도 농학자가 노벨 평화상을 받은 최초이자 유일한 사람일 거예요.

여기서 잠깐, 농림10호가 일본의 고유 종자가 아니라는 사실 아세요? 1905년 이후에 일본은 우리나라에 있는 수백 종의 토종 종자를 도적질해 갔는데 그중엔 우리 남쪽 지방에서 흔히 재배하던 '앉은키밀'이 있었어요. 그것을 가져가 개량한 것이 바로 농림10호예요. 그러니 우리의 앉은키밀이야말로 서양 과학자들이 찾던 키 작고 튼튼한 밀의 원조인 셈이죠.

그런데 노먼 볼로그 박사가 소노라64호로 노벨상을 받던 그때, 정작 원조인 앉은키밀은 고향인 우리나라에서조차 멸종 위기에 처해 있었으니 참 안타까운 일이에요.

소노라64호는 그 후 중국을 포함해 전 세계로 퍼져 나갔답니다. 그 업적으로 굶어 죽지 않은 사람이 10억 명은 될 거라는 의미에서, 박사를 추앙하는 사람들은 그에게 '10억의 사나이(Man of Billions)'라는 별명을 붙여 주었다고 해요. 녹색 혁명의 아버지로 불리기도 하고요.

그런데, 왜 슬픈 노벨상일까요?

교배를 넘어 유전자 조작으로

　노먼 볼로그 박사의 소노라64호는 오랜 세대의 품종 간 교배나 선택의 과정을 거친 종자예요. 그런데 박사의 후예들은 거기에 만족하지 않았어요. 빠른 속도로 발전하는 과학 기술은 그들로 하여금 전에는 꿈도 꿀 수 없었던 새로운 욕망을 품게 만들었지요. 바로 유전공학의 출현입니다.

　1953년에 동식물의 유전자 정보를 담고 있는 DNA의 구조가 세상에 밝혀졌어요. 각기 뻗어 나온 두 개의 염기라는 것이 마치 사다리처럼 칸칸이 연결된 채 나선형으로 끝없이 휘어 있는 모습이 공개되었어요. 그리고 그 각각의 칸마다 살찐다, 마른다, 맵다, 싱겁다 등 다른 특징의 유전 정보가 담겨 있다는 사실도 밝혀졌어요. 동물이든 식물이든 모두 그 이중 나선 구조 안에 자신만의 정보를 갖고 있어요.

　시간이 더 흘러 아예 그 사다리의 특정한 부분을 잘라 내서 다른 DNA에 갖다 붙일 수도 있게 되었어요. 마치 이 나무의 가지를 잘라 저 나무의 가지에 이어 붙이듯 말이죠. 이것을 '유전자 가위질'이라고 해요. 가위로 오려 붙이는 것 같다 해서 생긴 말이지요. 드디어 오랜 교배의 과정 없이 품종 개량을 할 수 있게 되었어요. 토마토를 호박만 하게 만들 수도 있고, 가지에 매운맛을 집어넣을 수도 있어요. 그리고 그 모든 과정을 실험실 안에서 뚝딱 해치울 수 있게 되었답니다.

두 얼굴의 씨앗 · 165

수많은 유전공학자들이 대학에서 배출되기 시작했어요. 그중에는 노먼 볼로그 박사의 제자들도 있었지요. 뒤퐁이나 몬산토 같은 거대 농약 회사는 재빠르게 종자 산업에 뛰어들었어요. 똑똑한 종자 하나를 만들면 전 세계를 상대로 큰돈을 벌 수 있는데 마다할 이유가 있겠어요?

거대 회사는 서로 뒤질세라 능력 있는 유전공학자들을 채용해서 실험실을 제공하기 시작했어요. 1980년대 들어 농업 분야의 거의 모든 연구에는 DNA가 핵심이 되었어요. 바로 유전자변형생명체(GMO, Genetically Modified Organism)를 만들어 내는 것이지요. 유전자를 변형한다는 것은 유전자를 조작한다는 뜻입니다. 현재 유전자변형은 대부분 작물에서 이루어지기 때문에 유전자변형작물을 GMO라고 해요. 그리고 농학자이자 유전학자였던 노먼 볼로그 박사는 그 물결을 주도하는 회사들의 든든한 지원군이 되어 주었어요.

밀밭은 어마어마한 넓이로 커져만 가요. 키가 작으니 쓰러질까 봐 애태우지 않아도 돼요. 사람도 많이 필요 없어요. 트랙터나 콤바인 같은 중장비의 성능도 나날이 좋아져서 밭갈이, 씨뿌리기, 추수까지 그저 기계를 운전할 만큼의 사람만 있으면 돼요. 거름으로 줄 화학 비료도 기계가 다 해 줄 거예요. 비료를 먹으니 잡초도 참 잘 자라요. 그래도 걱정 없어요. 농약 살포용 비행기를 타고 한 시간만 제초제를 뿌리며 돌아다니면, 동서남북 눈길이 닿는 끝까지 잡초는 자취를 감출 테니까요.

그런데 한 가지 문제가 있어요. 잡초를 없애려고 제초제를 뿌리니 밀도 시름시름 앓거나 죽어 버려요. 손해가 막심하지요. 그렇다고 농약을 치는 대신 사람이 들어가 풀을 뽑을까요? 어림 반 푼어치도 없는 얘기예요. 이미 밭 자체가 대평원이 되어 버린걸요.

잡초와의 경쟁에서도 살아남는 또 다른 천재 밀을 만들면 되는데, 그건 너무 시간이 오래 걸릴까요? 걱정 말아요. 제초제에 저항성을 갖는, 즉 아무리 농약을 맞아도 끄떡없이 살아남는 밀을 만들면 돼요. 어떻게? 밀의 유전자를 변형시켜 버리면 간단하다니까요. 밀뿐이겠어요? 만드는 김에 콩, 옥수수, 사탕수수……. 참 쉽죠?

1996년 GMO가 국제적으로 거래되기 시작했어요. 그동안 밀, 콩, 옥수수, 면화, 사탕수수, 유채, 감자 등 많은 종류의 GMO가 개발되었고, 지금도 쉬지 않고 거의 모든 나라의 식탁 위에 올라가고 있답니다. 물론 가축의 사료 통 속에도 들어가고요.

GMO의 국제 교역이 시작되기 전에 굉장히 많은 논란과 반대가 있었어요. 특히 과학자와 환경운동가의 반대가 극심했죠. 유전자를 조작해서 만들어 낸 작물이 안전하다고 어떻게 확신하는가, 안전성이 증명되지 않은 작물을 시장에 내놓고 사 먹으라는 것은 폭탄을 길거리에 내놓는 짓과 같은 것 아닌가. 이러한 주장에 대해서 몬산토 등의 종자 회사는 아직 발생하지도 않은 위험과 부작용을 미리 과장하지 말라고 반박했어요. 그리고 자신 있게 선언했어요. 자신들의 과학적 성취는 사람과 환경에 어떤 부작용도 일으킬 수 없다고 말이죠.

20년이 지났습니다. 세계 곳곳으로 퍼져 나간 GMO 씨앗은 세계 곡물 생산량을 크게 늘리는 주역이 되었어요. 그뿐 아니라 기존에 있던 각 지역의 토종 종자를 밀어내고 안방을 독차지했죠. 더불어 몬산토처럼 씨앗과 농약을 함께 팔아 온 종자 회사는 시장을 독점하며 큰돈을 벌었고요.

그런데 이쯤에서 정말 궁금해지네요. 20년 전 기업들의 장담처럼 GMO는 정말 빠르고 완벽한 선택이었을까요? 혹은 일부 과학자와 환경운동가가 우려한 대로 위험한 폭탄이 되었을까요? 여러분의 이해를 돕기 위해 우리나라 방송에도 소개됐던 콩 이야기 하나를 들려줄게요.

아르헨티나의 수상한 콩

남미의 아르헨티나는 콩을 몰랐답니다. 그래서 누군가 콩에 대해 물으면 백과사전이나 식물도감을 찾아보고서야 "아, 이것이 콩이네!" 했다고 해요. 주로 소를 키워서 그 고기를 먹거나 파는 것으로 삶을 이어 왔던 그들에게 어느 날 콩에 대한 소식이 전해졌어요.

"1헥타르(10,000m²)에 소를 키우면 한 사람이 그 고기로 600일을 살 수 있지. 하지만 같은 곳에 콩을 심어 키우면 무려 5,500일을 살 수 있다네."

그 말을 듣고 정부는 1960년에 콩을 시험 삼아 재배했어요. 그리고 10년 뒤에는 전국적으로 콩을 보급해서 농사를 지어 보게 했답니다. 그랬더니 농가 소득이 무려 20배까지 늘었다지 뭐예요. 시간이 지나면서 소를 키우던

목장은 줄고 콩 농장이 늘어났어요.

그런데 농사를 짓다 보니 그놈의 잡초가 골칫거리였어요. 콩 생산량이 늘어서 값은 떨어지는데 비싼 제초제는 계속 뿌려야 했으니 수익이 자꾸 줄어들었지요. 아르헨티나 농민들이 잡초를 죽이기 위해 쓰던 농약은 몬산토의 '라운드업(Roundup)'이라는 제초제였어요. '싹쓸이'라는 뜻인데, 아마 잡초를 싹 쓸어버릴 만큼 강력하다는 뜻이겠죠.

1996년이 되자 몬산토에서 획기적인 콩이 나왔으니 써 보라고 합니다. '라운드업레디(Roundup Ready)'라는 이름의 콩이에요. 라운드업 제초제에 면역력이 있어서, 잡초는 모두 죽어도 무슨 일 있었냐는 듯 꿋꿋하게 살아남는 콩이지요. 물론 사람이 먹어도 아무 해가 없다고 했어요. 기존의 콩보다 훨씬 많이 달릴 뿐만 아니라 약을 치는 횟수를 줄여도 된다는군요.

단점은 딱 하나 있었어요. 매년 콩 종자를 몬산토로부터 새로 사야 한다는 점이에요. 수확한 종자를 이듬해에 심으면 열매가 제대로 열리지 않도록 유전자를 조작해 놓았기 때문이지요. 하지만 잘 자라서 수확량만 늘어난다면 종잣값을 충분히 할 것이기에 아르헨티나 정부는 그 콩을 받아 심기로 했습니다.

농민들은 환호성을 질렀어요. 생산량이 무려 다섯 배나 늘었거든요. 목장이든 황무지든 가리지 않고 콩 농장으로 변해 갔습니다. 콩이 뭔지도 몰랐던 아르헨티나가 2014년엔 세계 3위의 콩 수출국이 되었고, 콩기름 수출은

세계 1위의 자리에 올라섰어요.

그런데 이상하지요. 그렇게 생산은 많이 하는데 시간이 지남에 따라 농민의 소득은 오히려 줄어들기 시작했어요. 다섯 배까지 늘어났던 생산량은 조금씩 줄어드는데 같은 기간 동안 농약 살포량은 아홉 배나 늘었지 뭐예요. 아마도 몬산토는 종자보다 농약으로 훨씬 많은 돈을 벌었을 거예요.

한두 해 동안 제초제를 뿌리면 콩을 제외한 모든 풀이 죽었어요. 그런데 다음 해엔 한두 종류의 풀이 살아남았어요. 농부들이 처음엔 눈을 의심했지요. 그뿐 아니에요. 죽지 않고 살아남는 풀의 종류와 양이 해마다 늘어나서 제초제의 양을 늘리거나 더 독성이 강한 제초제를 사서 뿌려야 했어요. 눈치챘나요? 라운드업레디 콩의 면역성을 잡초 스스로 체득했을 뿐 아니라 다른 풀들에게도 전파시킨 거예요. 세상에! 인류가 유전자를 조작하는 데 30만 년이 걸렸는데, 풀은 단 1년 만에 자신의 유전자를 조작해 버렸어요!

더 큰 문제는 사람들 사이에서 나타났어요. 아프기 시작했지요. 아르헨티나 전체 24개 주 중 콩 농사를 짓는 20개 주에서 장애아 출산과 암, 당뇨병, 백

혈병, 뇌종양 같은 중증 질환자 수가 급격히 증가했어요. 콩밭이 가장 많은 차코주의 경우는 참혹했답니다. 중증 질환자 수가 전국 평균의 세 배가 넘어요. 그리고 믿기 힘든 사실이지만 모든 가구에 암 환자가 한 명 이상 살고 있다고 해요. 마을 안에는 여기저기 반으로 쪼개진 빈 농약 통이 굴러다니고, 그중 일부엔 빗물도 고여 있어요. 거리의 개들도 그 물은 쳐다보지 않아요. 차코주의 아이들은 종종 드넓은 놀이터로 나갑니다. 바로 마을 앞에 펼쳐진 콩밭이죠. 아이들은 그 놀이터가 전날, 혹은 그 전전날 비행기에서 쏟아지는 농약으로 샤워를 했다는 사실을 알까요?

드러나는 진실, 거부의 손짓

2007년 인도 남동부 안드라프라데시주에서 소, 양, 염소가 떼죽음을 당했어요. 면섬유의 원료인 목화를 수확하고 난 땅에서 방목을 한 후 발생한 일이었지요. 농민들이 재배한 목화는 몬산토의 BT종자였어요. 잎과 줄기에서 독성이 배어 나와 벌레를 쫓아내도록 유전자를 조작한 종자입니다. 이 종자는 살충제를 안 뿌려도 된다고 했지요.

해당 주 정부와 종자 회사는 GMO 종자 때문은 아니라고 발표했어요. 세계 어느 곳에서도 같은 일이 발생한 적이 없다는 이유였죠. 농민은 종자가 원인이라는 걸 입증하지 못했어요.

그런데 인도 남부 데칸고원에 있는 도시 하이데라바드에서 양과 염소를 키우는 농민들이 똑같은 호소를 했어요. 3년 연속 가축이 죽어 가고 있으니 정부가 조치를 취해 달라고요. 다른 땅의 풀과 잎을 먹은 양과 염소는 멀쩡한데 BT면화를 심었던 땅에서만 그런 일이 발생했다고 주장했지만 역시 인정받지 못했어요. 벌레 이외의 동식물에는 전혀 해가 없다는 종자 회사의 연구 결과를 뒤집을 증거가 농민에게는 없었으니까요.

동물만이 아니었어요. 면화를 수확하고 난 여자들이 피오줌을 싸고 피부병에 시달리기도 했어요. 그 실상을 알리고 GMO에 대한 경각심을 일으키기 위해 인도의 농민운동가인 프리야 살비 여사는 2008년에 직접 우리나라를 찾아와 사례 발표와 강연을 했답니다.

옥수수의 경우는 어떨까요? GM옥수수를 먹여서 키운 소, 돼지, 닭을 사람이 지속적으로 먹었을 때 여러 질병에 걸릴 위험이 높다는 것, 특히 어린이는 아토피의 위험성이 매우 높아진다는 것은 이미 다 알려진 사실이기도 해요. 그 옥수수로 만든 액체 설탕(액상 과당)이라는 가짜 설탕이 거의 모든 탄산음료에 들어가 있다는 것 알고 계시나요?

현재 전 세계에서 재배되는 목화의 96%가 GM면화입니다. 그것으로 만든 옷, 솜, 면봉, 생리대 등을 우리가 사용하고 있어요. 가만히 살펴보니 병원에서 사용하는 약솜도 마찬가지군요. 어쩌죠?

우리가 사 먹는 음식 중에 GM옥수수가 들어간 것은 헤아릴 수 없이 많아요. 식용유, 빵, 과자, 튀김, 탄산음료, 프라이드치킨……. 엥, 웬 치킨이냐고요? GM옥수수를 사료로 먹은 닭에 GM옥수수가 들어간 튀김 가루를 묻힌 후, GM콩으로 만든 식용유로 튀겨서 만드니까요. 콩도 마찬가지예요. 식용유, 간장, 된장, 두부, 두유, 콩나물…….

그나마 다행인 것은 우리나라 안에서는 아직 유전자변형 콩과 옥수수를 재배하지 않는다는 사실이에요. 조금 비싸긴 해도 우리 콩, 우리 옥수수를 먹을 수 있으니 다행이라고 해야 할까요.

지금 대부분의 유럽 국가는 유전자변형(GM) 농작물의 재배를 금지하고 있습니다. 또한 가공된 식품 속에 포함이 되어 있다면 의무적으로 원산지가 포함된 GMO 표시를 해야만 합니다. 식당의 경우에도 예외는 없어요. 메뉴판에 표시를 해야 하지요.

2008년부터 우리나라에서도 유전자변형 동식물의 생산과 이용을 법으로 정해 관리하기 시작했어요. 원료에 GMO가 들어갔으면 소비자가 알 수 있도록 포장지에 표시를 하게 했지요. 하지만 그게 제대로 지켜지지는 않는 것 같아요. 어느 나라에서 수입했는지를 알려 주는 원산지 표시를 보고 GMO인지 아닌지를 소비자 스스로 판단해야 하는 경우가 아직은 훨씬 많답니다.

2008년에 굵직한 식품 회사들 중 일부가 앞으로는 원료에 GMO를 쓰지 않겠다는 선언을 했어요. 다른 회사들은 어쩔 수 없이 쓸 수밖에 없다는 사과 어린 입장을 내놓았답니다. 이러한 상황이 컬어지게 된 이유가 뭘까요? 자신의 가족을 지키려는 소비자가, 한때 위대해 보였던 그 과학의 성취에, 거부의 손바닥을 내밀기 때문입니다.

아무리 농약을 뒤집어써도 살아남는 작물, 또한 면화처럼 벌레를 쫓기 위해 가지와 잎에 이르기까지 독극물을 몸 안에 품고 있는 작물을 어떻게 두려워하지 않을 수 있을까요?

슬픈 노벨상에서
기쁜 노벨상으로

벌의 경고

벌이 사라지고 있습니다. 미국, 유럽, 중국…… 모든 대륙에서 꿀벌의 수가 3분의 1 이상 줄었어요. 우리나라도 예외는 아닙니다. 큰일일까요? 네, 아주 큰일입니다. 벌이 사라지면 열매가 사라집니다! 농토에 흐드러졌던 온갖 풀꽃들이 농약 때문에 사라져 갑니다. 밀, 옥수수, 콩 등 한 가지 작물만 심은 밭이 끝없이 펼쳐집니다. 꽃이 핀들, 수시로 농약을 비처럼 맞고 살아남은 유전자변형작물들 사이로 벌이 날아들까요?

벌이 사라지고 있는 지금 자연은 우리에게 무엇을 말하고 있을까요?

제 8 장

너무 늦기 전에

　한때 인류에게 구원자의 모습으로 세상에 등장했다가 어느 순간부터 인류에게 공포의 그림자를 드리운 몇 가지를 살펴보았습니다. 그리고 그것들은 아직도 지구상에 우리와 함께 존재하고 있어요. 당장 그 모두를 없애거나, 혹은 우리 모두가 그것들로부터 도망칠 수도 없습니다. 물론 과거로 돌아갈 수도 없고요. 그런데 인류는 그 깨달음으로부터 세상을 다시 바꾸기 시작했을까요?

　또 한 번의 핵 발전소 재난이 있었음에도 세계 곳곳에선 새로운 핵 발전소들이 건설되고 있어요. 그중 몇몇 발전소 건설 계획엔 우리나라도 포함되어 있어요. 2017년 대한민국 정부는 핵 발전소를 더 짓지 않고 노후 핵 발전소는 폐기하겠다는 '탈원전 정책'을 발표했어요. 하지만 지금은 중단되었던 핵 발전소 건설을 다시 시작했어요. 영국, 체코, 튀르키예, 이집트 등 해외 핵 발전소 건설 계약을 따내기 위해 총력을 다하고 있고요. 정부가 바뀔 때마다 달라지는 핵 발전에 대한 입장, 이대로 괜찮을까요?

많은 사람들이 굶주림으로 고통받고 있는 현실도 바뀌지 않았어요. 화학비료, 살충제와 제초제, 그리고 유전자변형작물의 재배 면적이 그리 많이 늘었는데도 말이에요.

2015년 3월 20일, 세계보건기구(WHO)의 세계암연구소(IARC)가 중요한 발표를 했어요. '글리포세이트'라는 물질이 2A등급의 발암 물질이라고 공표했지요. 2A등급은 DDT와 같은 등급이에요. 몬산토가 그토록 감추려 했던 사실이 세상에 드러난 순간이었어요. 그렇다면 글리포세이트란 무엇일까요?

몬산토라는 이름의 회사 기억하죠? GMO 종자와 함께 '라운드업'이라는 농약을 팔던 회사요. 바로 라운드업이라는 농약의 주성분이 글리포세이트예요. 라운드업을 뿌리면 풀은 모두 죽지만 유전자가 조작된 콩이나 옥수수, 밀 등은 굳건히 살아남아서 열매를 맺어요. 하지만 글리포세이트 중 일부는 사라지지 않고 작물 내부에 쌓인답니다. 이것이 무엇을 의미할까요?

우리나라는 세계에서 두 번째로 GMO를 많이 수입하는 나라예요. 사람 입으로 직접 들어가는 식용 GMO로 보면 세계 제1의 수입국이지요. 콩기름, 카놀라유 등의 식용유, 과자나 음료수 등을 만드는 데 들어가는 액체 설탕 등의 원료가 되는 것이 바로 라운드업을 비처럼 맞고 자란 작물들이에요. 그 작물 내부에 쌓인 글리포세이트가 매일 우리의 입안으로 들어오는 것이죠. 또한 그 콩과 옥수수로 만든 사료를 먹고 자란 소, 돼지, 닭 등을 우리가 즐겨 먹는 장면을 떠올려 보세요.

또 하나 무서운 사실이 있어요. 이 글리포세이트는 2010년에 항생제로 특허를 받은 물질이기도 해요. 항생제, 맞아요. 세균을 죽이는 약이지요. 이것이 우리의 장 속에 들어와 세균(박테리아)을 공격합니다. 장 속에 살고 있는 세균이 다양하고 그 수가 많을수록 사람이든 짐승이든 건강한데, 글리포세이트 때문에 균의 수가 줄어들고 우리 몸에 이로운 수많은 균들도 함께 사라집니다. 그러는 중에 일부 해로운 세균은 항생제에 면역력을 갖는 슈퍼 박테리아가 되기도 하지요. 외부로부터 몸속으로 들어오던 슈퍼 박테리아가 이제는 우리 몸속에서 스스로 생길 수 있다는 사실은 상상만으로도 소름이 끼치지 않나요?

노벨상 수상자인 노먼 볼로그 박사로부터 시작된 유전자 조작은 이제 과거 인간의 욕심이 만들어 낸 모든 재앙들을 한꺼번에 터뜨리는 '핵폭탄'이 되었어요. 비단 유전자 조작뿐만이 아니에요. 지금까지 살펴본 노벨상의 주인공들, 인류를 구하고 평화에 공헌한 많은 과학 기술들이 인간의 비뚤어진

욕심 때문에 재앙으로 밀려오고 있는 것이지요.

밀려오는 재앙에 모든 사람들이 침묵하는 것은 아닙니다. 그동안 수많은 시민과 단체의 활동이 있었어요. 독일에선 시민의 힘으로 정부의 '탈원전 선언'을 이끌어 냈지요. 유럽에선 꾸준히 화학 비료와 농약을 안 쓰는 유기 농업이 늘고 있어요. 유전자변형작물을 재배하는 것은 금지되었지요. 러시아까지 모든 GMO를 금지하고 있어요. 세계의 많은 나라들이 GMO의

재배나 수입을 금지하고, 치명적인 농약 성분인 글리포세이트가 함유된 모든 것을 금지하기 시작했답니다. 아프리카의 잠비아에서는 2002년 대기근이 들었을 때 미국의 식량 원조를 거부했어요. 원조 식량이 GM옥수수였기 때문이에요.

우리나라에서도 유기 농업

운동이 활발하게 번지고 있어요. 비닐, 화학 비료, 살충제, 제초제, GMO 종자를 쓰지 않는 운동이지요. 하지만 아직 우리나라는 GMO와 글리포세이트가 너무 쉽게 들어올 수 있는 나라랍니다.

인간을 포함한 자연환경에 해를 끼치지 않으면서도 같은 효과를 낼 수 있는 새로운 물질이나 방법, 때로는 사라진 전통적 방법들까지 찾아내기 위해 지금 이 순간에도 수많은 사람들이 잠을 못 이루고 있어요.

이렇게 노력하는 사람들이 있는 한 인류의 미래가 결코 어둡지만은 않습니다. 인류는 늘 방법을 찾으면서 진화해 왔으니까요. 중요한 점은 우리도 늘 깨어 있어야 한다는 점이에요. 당장 눈앞에 펼쳐질 이익보다 멀리 봤을 때 나 자신과 후손들, 그리고 우리를 품고 있는 모든 자연에 이로울지를 곰곰이 생각해야겠지요. 그것이야말로 우리가 역사로부터 배우는 자세일 테니까요.

사진 자료

43p 위에서 두 번째, 《지울 수 없는 이미지》 DDT 살포 받는 시민들, ⓒ NARA, 눈빛출판사 제공
89p 아래, Nationaal Archief
129p 위 오른쪽 ⓒ Antonychris1004, Wikimedia Commons
132p 위쪽, 아래쪽 ⓒ J Brew, Wikimedia Commons
140~141p ⓒ David Holt, Wikimedia Commons/ⓒ Jorge Franganillo, Wikimedia Commons/ⓒ AwOiSoAk KaOsloWa, Wikimedia Commons/ⓒ IAEA Imagebank, Wikimedia Commons
www.shutterstock.com/Wikimedia Commons public domain

※ 이 책에 쓰인 사진 자료는 정해진 절차에 따라 저작권자의 허락을 받아 사용하였습니다. 자료를 제공해 주신 분들께 감사드립니다.
※ 저작권자를 찾지 못하여 게재 허락을 받지 못한 자료에 대해서는 확인되는 대로 저작권 상의를 하고 다음 쇄에 반영하겠습니다.